Par Prudence-Guillaume de Roujoux,
D'après Quérard.

I.

Par Prudence-Guillaume de Roujoux,
D'après Quérard.

M. LE PRINCE JULES DE POLIGNAC

Président du Conseil des Ministres.

Maison Polignac, Hivert libraire-éditeur.

MAISON
DE POLIGNAC.

PRÉCIS HISTORIQUE

ORNÉ DU PORTRAIT DE M. LE PRINCE JULES DE POLIGNAC, PRÉSIDENT DU CONSEIL DES MINISTRES.

PAR M. LE BARON DE ***.

Nec mihi beneficio, nec injuria cognitus.

TACITE.

Paris,

L. F. HIVERT, LIBRAIRE-ÉDITEUR,

QUAI DES AUGUSTINS, Nᵒ 55;

ET CHEZ LES LIBRAIRES DE NOUVEAUTÉS.

1830.

MAISON

DE

POLIGNAC.

Nec mihi benefieio , nec injuria cognitus.
TACITE.

———

A l'extrémité orientale d'un embranche-
ment de la chaîne montagneuse des Cévennes,
on remarque des hauteurs, qui, semblables aux
vagues de la mer, s'élèvent et s'abaissent, en
diminuant successivement de masse jusqu'aux
vallées du Rhône. L'une de ces hauteurs se
nomme le mont Anis, et sur sa côte méridio-
nale se prolonge, en amphithéâtre, une ville de
treize mille habitans, arrosée par deux ruis-

seaux décorés du titre de rivières, la Borne
et le Dolaison. Ils se réunissent à la Loire, à
peu de distance du Puy en Vélai.

Cette cité, dont le nom réveille d'anciens
souvenirs, faisait naguère partie de la province du Languedoc : elle est surtout célèbre
par sa cathédrale dont l'établissement remonte aux temps de la primitive église. Des
roches coupées à pic et d'une gigantesque
proportion la couronnent. Sur l'une d'elles
s'élevait jadis un temple dédié à Apollon.

A ce temple, où la foule empressée porta
long-temps des vœux inexaucés, le cinquième
siècle avait vu succéder un château féodal
dont la forme, la situation pittoresque et la
vaste épaisseur devaient obtenir une influence
presque magique sur l'imagination peu éclai-
rée des premiers habitans du Puy. De hauts
barons l'habitaient; et l'idée que l'on se faisait
de leur pouvoir était encore agrandie par la
crainte qu'inspiraient les guerres qu'ils soute-
naient contre les évêques, contre le clergé
d'Auvergne et de la sénéchaussée de Beaucaire, contre les voyageurs qu'ils mettaient à
rançon, contre les pèlerins qui venaient adres-

ser leurs prières à Notre-Dame du Puy en Vélai.

Des vestiges du temple d'Apollon existaient encore, dit-on, au dix-septième siècle, près du château de Polignac. Tel est le nom de l'antique forteresse qui dominait la ville du Puy, et dont la position était si singulièrement remarquable; mais ce n'est plus qu'une résidence paisible qui n'a d'effrayant que la hauteur du rocher où elle repose. Une tête du soleil couronnée de rayons avait résisté aux efforts des siècles : peut-être orne-t-elle aujourd'hui quelque muséum inconnu ; jadis elle rendit des oracles. L'empereur Claude qui légua Néron aux Romains, alla de Lyon la consulter avec toute la pompe qui environnait alors les maîtres du monde, et l'on grava sur l'une des murailles l'inscription fastueuse : *Tibère Claude César Auguste, le Germanique, pontife suprême, père de la patrie, cinq fois revêtu de la puissance tribunitienne, onze fois du titre d'empereur, quatre fois de la dignité consulaire* (1).

____

(1) *In castro Apollianico, sortito nomine, ut fertur, ab*

Le dieu du jour a donc donné son nom à cette roche sur laquelle on l'adorait, au castel apollianique bâti sur ses ruines sacrées, et, par corruption de langage, à la famille qui l'habitait, et dont les chefs s'appelèrent les sires de Polignac.

Sidonius Apollinarius, premier comte d'Auvergne, connu sous le nom de saint Sidoine, avait été élevé dans le château de Polignac, et il en parle, dans les ouvrages qu'il nous a laissés, comme de sa maison paternelle (1). Le bisaïeul de ce savant évêque portait, ainsi que lui, le nom d'Apollinaire; il descendait d'une famille patricienne qui avait donné des sénateurs à Rome, et il avait honorablement rempli les charges importantes de préfet du prétoire dans les Gaules, de lieutenant-géné-

----

Apolline, in provincia Velaunia, vulgariter Velai, in confinis Arvernorum sita, extat etiam nunc hodie (1627) turris antiqua, quam verisimile est, fuisse membrum templi cujusdam, in cujus pariete visitur hæc inscriptio : Tib. Claudius Cæsar Aug. Germanicus Pont. max. Trib. potest. V, Imp. XI, P. P. Coss. IIII. (Ce qui répond à l'an 51 de Jésus-Christ.) *Unde probabile est Claudium Cæsarem, Lugduni natum, illuc profectum oraculi Apollinis consulendi gratia.*—Joan. Gruterus.—Moreri, tom. V, p. 1015, *et seq.*

(1) *Lib. IV, epist. VI.*

ral de l'empereur au commandement de la
cavalerie gauloise, et enfin d'intendant suprême de la justice. Le grand-père de saint
Sidoine occupa les mêmes emplois, fut revêtu
des mêmes dignités, et embrassa la foi chrétienne qu'il transmit à sa postérité avec ses
richesses, sa puissance et ses honneurs. Son
fils aîné, héritier de ses vertus comme de sa
fortune et de ses charges, usa noblement de
l'une, et montra qu'il était digne des autres en
exerçant glorieusement ses fonctions sous les
empereurs Honorius et Valentinien. Saint Sidoine ne fut pas moins élevé que ses ancêtres ;
il épousa Papianilla, fille de l'empereur Avitus,
et, après la mort de sa femme, il fut élu évêque
de Clermont-Ferrand dont il était déja comte.
Ce saint prélat avait deux fils. L'aîné suivit
d'abord ses traces à l'armée ; il devint favori
d'Alaric, roi des Visigoths, son lieutenant-
général et commandant de ses troupes d'élite.
Il se maria, fut père d'Arcadius qui forma la
branche des comtes d'Auvergne, entra ensuite
dans les ordres sacrés, et remplaça saint Sidoine au siège épiscopal de Clermont. Ce fut
alors qu'il s'occupa du sort de son frère ; il le

créa vicomte de Vélai, contrée réunie à l'Auvergne, et lui conféra ainsi une dignité qui, tout en le soumettant à la puissance supérieure des comtes, était une véritable souveraineté ; car il y attacha le droit de faire battre monnaie à son coin (1), celui de faire grace aux condamnés, celui d'imposer des tailles ou contributions à volonté sur les habitans des terres dont il lui donnait l'administration, et même celui de faire la guerre aux seigneurs ses voisins. Ses descendans, les vicomtes de Polignac, en usèrent avec assez de générosité, ou d'orgueil et d'énergie, pour se faire donner par les peuplades soumises à leur domination le titre fastueux de rois des montagnes.

Mais, à partir de cette époque jusqu'au milieu du neuvième siècle, l'histoire, les chartes, les documens se taisent sur l'existence, sur les actions, sur la descendance des vicomtes de Polignac.

Ce nom commence à reparaître dans les cartulaires ecclésiastiques du neuvième siècle,

---

(1) On trouve encore dans le Vélai quelques-unes de ces pièces que l'on nomme des Viscontines.

à l'occasion de la translation au Puy en Vélai
du siège épiscopal de cette province, qui jusqu'alors avait illustré la petite ville de Saint-
Paulhan. Le respectable Guy, évêque du
Vélai, venait de mourir. Le clergé de son
église, rassemblé en 880, afin d'élire un successeur au prélat décédé, se partagea sur le
choix important qu'il s'agissait de faire (1).
Quelques dignitaires accordèrent leurs suffrages à Norbert, fils de Bernard III, marquis de Gothie et comte d'Auvergne; d'autres
les donnèrent à l'abbé Vital, frère du vicomte
de Polignac (2). Tous deux firent valoir leur
droit non-seulement par une discussion ap-
profondie, mais par les moyens que l'autorité
de la force mettait à leur disposition. Norbert
semblait le mieux fondé en raison; mais Vital
était soutenu de toute la puissance que les
vicomtes de Polignac faisaient reconnaître
dans la contrée. Après plusieurs combats,
Norbert vaincu céda au vicomte la ville

----

(1) *Histoire générale du Languedoc*, par deux religieux de la
congrégation de Saint-Maur. (De Vic et Vaissette.) Tom. II,
p. 19.

(2) *Gall. Christ.* tom. II, p. 693.

épiscopale, *civitas Vetula*, depuis nommée Saint-Paulhan; et Vital, possesseur de l'évêché, transféra sa résidence au Puy en Vélai, où le siège s'est conservé jusqu'à nos jours.

Il résulte des documens où ces faits sont rapportés, que la fondation de l'église épiscopale du Puy ne remonte pas au-delà du neuvième siècle, et que les seigneurs qui prétendaient au droit de suzeraineté sur les propriétés attachées à cette cathédrale, ne prenaient que le titre de vicomtes, qu'ils tiraient directement du château de Polignac, chef-lieu de leurs domaines, et dans lequel ils faisaient leur résidence.

Les généalogistes de la maison actuelle des Polignac n'ont reproduit de preuves suffisantes de leur filiation qu'à partir du milieu du onzième siècle. Divers monumens, toutefois, font remonter deux cents ans plus haut l'existence d'une famille du même nom, occupant les mêmes lieux, jouissant des mêmes droits, remplissant une lacune de deux siècles; et toutes les probabilités concourent à établir que le rameau généalogique de ses successeurs tenait à cette souche et n'a pas souffert d'in-

terruption. L'abbé Vital de Polignac, monté
sur le trône épiscopal du Puy, eut soin d'y
transférer les reliques de saint Georges, ancien évêque du Vélai, et celles de saint Mar-
cellin, qui fut également l'un de ses prédécesseurs. En 1428, Guillaume de Chalançon,
évêque du Puy, fit ouvrir, dans une cérémonie
religieuse, la châsse qui contenait les restes de
saint Georges, et le procès-verbal qui en fut
dressé rapporta en substance le texte d'un
acte très ancien (1) où il était question d'un
vicomte de Polignac vivant encore en 885.
Son nom caractéristique n'est pas exprimé
dans l'acte, mais on le présente comme le
frère de Vital, élu par une portion du clergé ;
et il est probable qu'il s'appelait Armand.
Notre opinion à cet égard est fondée sur une
chronique de l'abbaye de Tournus, écrite
vers le milieu du onzième siècle. L'auteur
rapporte que l'abbé de Tournus, Hervé, acquit
directement d'Armand, fils d'Armand, vicomte, sans autre désignation, des biens

____

(1) *Hist. gén. du Languedoc*, par D. Vaissette; tom. II,
note X, p. 548.

considérables dans le Vélai, et entre autres l'église de Saint-Georges, située *in civitate Vetula*. Or cette acquisition porte la date de l'an 900; et de cette circonstance on peut tirer la conclusion que le vicomte, dont le fils céda des domaines à l'abbé de Tournus, était un vicomte Armand de Polignac qui existait en 885, ou bien qu'il en descendait directement, puisqu'à cette époque les dignités étaient héréditaires dans les familles.

Le P. Mabillon cependant (1) et les éditeurs de *la Gaule chrétienne* (2) prétendent que l'abbé de Tournus qui fit ces acquisitions n'était pas celui que nous venons de citer, mais un de ses successeurs connu sous le nom d'Hervé II. Ces savans écrivains n'ont pas comparé les titres et les dates avec assez de soin. Si quelque intérêt historique les eût engagés à mettre dans leur travail l'exactitude qui les distingue si éminemment, ils auraient vu que l'acquéreur des domaines du Vélai était un Hervé, prédécesseur de Guicheran.

---

(1) *Mab. ad ann.* 924.
(2) *Gell. christ.* tom. IV. p. 966.

Or l'abbé Guicheran gouvernait le monastère de Tournus en l'année 915, et il avait succédé à Hervé Ier, élu en 898. D'ailleurs, le document relaté dans le procès-verbal de 1428 établit, en termes exprès, que le vicomte de Polignac avait acquis de Norbert, évêque de Vélai, la cité vieille, *civitas Vetula*, vers 885, et qu'Armand, fils d'Armand vicomte, avait cédé l'église de Saint-Georges, située dans cette cité, à l'abbaye de Tournus, vers l'an 900. Ce vicomte nous semble donc identiquement le même que l'acquéreur de la cité vieille en 885. Aucune histoire, aucune chronique, aucun document ne parle de l'existence, au neuvième siècle, d'une autre famille de vicomtes dans le Vélai, et dans les siècles suivans la plupart des descendans de la maison de Polignac ont porté le nom d'Armand.

Le moine Falco, l'auteur de la *Chronique Trenorchienne*, fait connaître un autre vicomte de Polignac qui vivait vers le milieu du dixième siècle. Il se nommait Etienne, et, par un acte nouveau, il confirma, en faveur de l'abbaye de Tournus, la vente, cession ou donation faite en 900 par un Armand de Polignac, dont

il était probablement le fils. Le nom d'Etienne
n'est pas non plus étranger à la famille, on le
retrouve parmi ses chefs au onzième siècle.

Les savans bénédictins qui se sont occupés
avec tant de discernement et d'assiduité à
compulser des documens pour l'histoire des
diverses Églises des Gaules, n'ont pas négligé
de recueillir les notions, éparses dans les anciens titres, qui pouvaient servir à l'illustration des familles. Dom Claude Estiennot men-
tionne, dans ses *Antiquités bénédictines du
diocèse du Puy* (1), une donation faite au
monastère de Chamalières en Velai, par le
vicomte Héracle. Il est probable que cet Héracle était fils d'Etienne et vicomte de Polignac, et qu'il fut père d'un autre vicomte
Agnus ou Annon, qui lui succéda en 993, et
qui concéda d'importantes propriétés au monastère de Saint-Chaffré, vers l'an 1000, sous
le règne du roi de France Robert (2). Cet
Agnus de Polignac devint, à son tour, père
d'un vicomte Armand qui existait au milieu
du onzième siècle.

---

(1) Mss. p. 5o.
(2) *Gall. christ.* tom. II, p. 261, 458; et instr. p. 161, 229.

Cette époque est remarquable en ce que les filiations acquièrent désormais plus de certitude, et que l'on peut suivre, sans trop d'erreur, les générations qui se succèdent.

Le vicomte Armand, fils d'Agnus, et sa femme Alix célébrèrent, en 1062, la dédicace d'une église qu'ils avaient fait construire au château de Polignac. Trois fils sortirent de ce mariage : Guillaume, Etienne et Armand. Etienne, le plus célèbre des trois frères, se distingua dans les combats, où il acquit le surnom de *Taillefer;* il entra ensuite dans les ordres sacrés et devint évêque de Clermont en 1056. Armand se fit moine à l'abbaye de Tournus (1). Guillaume épousa une noble demoiselle nommée Adelaïs, dont il eut deux fils : Pons mort sans postérité, et Héracle qui succéda au titre et à la fortune de Guillaume.

L'église du Puy en Vélai n'était pas, à cette époque, fort éloignée de son origine, et cependant elle était déchirée par des guerres intestines et extérieures. Vers 1053, le siège épiscopal étant devenu vacant, le clergé et le

______

(1) *Chifflet. Tournus*, p. 311.

peuple (1) y portèrent d'un commun accord
et selon les formes canoniques, Pierre de Mercœur dont les vertus se faisaient admirer.
Mais il avait des concurrens : des discussions
graves s'élevèrent relativement à sa nomination ; et le comte Pons de Toulouse, qui prit
le parti de ses opposans, promut à l'évêché
du Puy, de sa pleine autorité et à l'instigation
de sa femme, l'archidiacre de Mende, Bertrand. Cet ecclésiastique avait payé, disait-on,
une somme considérable pour obtenir cette
haute dignité. Il était également parvenu,
grace à l'emploi des mêmes moyens, à obtenir que le roi de France, Henri Ier, se prononçât en sa faveur ; et il se croyait assuré de
conserver sa place, quand les dissidens en appelèrent au pape Léon IX, qui résidait alors
dans la ville de Ravenne, et parvinrent à s'en
faire écouter (2). Hugues, archevêque de Be-
sançon, Aymard, évêque de Sion, Arnaud,
évêque de Grenoble, se trouvaient alors à la
cour du Saint-Père ; ils connaissaient la piété de

---

(1) *Hist. du Lang.* par D. Vaissette, tom. II, p. 189 et 190.
(2) *Mab. ad ann.* 1043, n. 5 ; 1046, n. 107, etc.

Pierre de Mercœur; ils employèrent leurs
bons offices près du souverain pontife, et
Léon IX confirma son élection sur leur rap-
port. Il le fit ordonner prêtre par Humbert,
cardinal de Sainte Rufine, et se chargea lui-
même de le sacrer évêque (1).

Pierre de Mercœur prit paisiblement possession de l'évêché du Puy; mais bientôt de
graves démêlés s'élevèrent entre le prélat, les
seigneurs du voisinage, et principalement le
vicomte de Polignac; et de là s'ensuivirent des
guerres longues, scandaleuses et cruelles. On
en ignore l'origine et les circonstances; il paraît seulement que Pierre de Mercœur divisa,
vainquit ou réduisit ses ennemis; qu'il entreprit ensuite un voyage à Jérusalem, afin de
se laver des souillures qu'il avait contractées
en se livrant à des occupations si étrangères à
un ministre de l'évangile, au pasteur d'une
église qu'il était de son devoir de maintenir
en paix; et qu'à son retour il mourut le 13
juillet 1073, dans la ville de Gênes, sans avoir
la consolation de revoir son troupeau.

____

(1) *Hist. du Lang.* par D. Vaissette, tom. II; preuves, p. 220
et suiv.

L'évêché du Puy, devenu vacant une seconde fois, excita la cupidité de plusieurs prétendans. Etienne de Polignac, évêque de Clermont et possesseur en même temps de la prévôté de la cathédrale du Puy, fier de la puissance et de l'autorité de sa famille dans la province du Vélai, se mit sur les rangs et parvint à se faire élire. Il avait jugé que les bénéfices attachés au siège épiscopal du Puy étaient plus productifs que ceux qui dépendaient de l'évêché de Clermont, et ils lui semblaient d'ailleurs beaucoup mieux à sa convenance. Il trouva cependant un dangereux concurrent dans un autre Etienne qui sempara du siège les armes à la main, après avoir gagné une partie des électeurs à prix d'argent (1). Etienne de Polignac prit les armes à son tour, et chassa le prélat intrus et simoniaque. Mais, comme il n'ignorait pas que sa propre élection n'était guère plus canonique que celle de l'adversaire qu'il avait défait, il prit le chemin de Rome dans l'intention d'obtenir sa confirmation du Saint-Père. Il trouva

____

(1) *Hist. du Lang.* par D. Vaissette, tom. II, p. 232.

le pape extrêmement prévenu contre lui, et reconnut qu'il ne devait rien négliger pour se justifier complètement dans son esprit, ou colorer au moins ce que sa conduite avait de trop répréhensible. Grégoire VII occupait alors le trône pontifical. Ennemi déclaré des simoniaques, il obligea Etienne de Polignac à prêter, sur le corps même de saint Pierre, le serment solennel d'exécuter fidèlement les ordres que lui transmettrait la cour de Rome, de se démettre préalablement de l'évêché du Puy, et de ne s'opposer par aucune intrigue à l'élection d'un autre prélat, quand son légat jugerait à propos de faire procéder à cette opération (1). Grégoire VII adressa ensuite une lettre aux habitans du Puy. Par cette épître, sous la date du 19 avril 1074, le pape leur annonçait que, touché du repentir d'E-tienne, il avait consenti à lui rendre ses bonnes graces, et qu'il lui avait remis de nouveau le gouvernement de son diocèse, sous la condition expresse qu'il n'exercerait aucune des

____

(1) *Greg. VII*, lib. I, ep. 18.—*Hug. Flav.* chron. p. 197 et 201.—*Gall. christ.* tom. II, p. 700.

2

fonctions épiscopales, et qu'elles seraient sup-
pléées en son nom par un autre évêque, jusqu'à ce qu'il lui plût de le rappeler à Rome,
afin de prononcer définitivement sur son sort ;
ce qui ne devait altérer en rien le respect dû
par les diocésains à son caractère sacré, ni
rien changer aux honneurs qu'ils étaient tenus de lui rendre. Le Saint-Père exhortait
ensuite les membres du clergé du Vélai à travailler conjointement avec lui et à s'unir de
tous leurs moyens à ses vues, pour détruire
la simonie qui n'avait que trop déshonoré
leur église, et mériter que Dieu leur accordât
un digne et légitime pasteur.

Etienne de Polignac remplit d'abord ses
promesses avec assez d'exactitude, et se tint
éloigné des fonctions épiscopales : ainsi, lorsque dans la même année le vénérable Guy,
abbé de Saint-Chaffré, eut donné sa démission de son abbaye, ce fut l'évêque de Die
qui vint présider à la cérémonie d'installation
et à la bénédiction du successeur (1).

Mais tous les efforts du pape pour délivrer

____

(1) *Mab. ad ann.* 1074, n. 69.

l'Eglise des simoniaques semblaient infructueux. Etienne de Polignac s'empara de nouveau de l'évêché du Puy, se maintint nonobstant les conseils et les exhortations, fut enfin
frappé d'excommunication, et ne parut toutefois tenir aucun compte des foudres du Vatican. Hugues, évêque de Die, revêtu de la
qualité de nonce du pape, et spécialement
chargé de rétablir en France la discipline ecclésiastique, convoqua un concile à Clermont
en 1077 (1), et cita Etienne de Polignac à
comparaître devant cette solennelle assemblée. Etienne, qui craignit d'être définitivement expulsé d'un siège qu'il considérait
comme sa propriété, dressa des embûches au
légat, afin de le surprendre dans son voyage,
et fut au moment de s'emparer de sa personne;
mais ses criminelles tentatives ayant échoué,
il reconnut qu'il ne pouvait éviter d'être jugé.
Dans cette perplexité, il essaya de se ménager
un recours à la clémence du concile, en paraissant céder de bonne grace ce que la justice
ecclésiastique ne pouvait tarder à lui enlever.

______

(1) *Hug. Flav.* chron. p. 197 et 201.

Il convoqua ses chanoines dans sa cathédrale, et, entouré d'un brillant appareil, il jura, devant l'autel de la Vierge, d'abandonner son siège et d'obéir à toutes les volontés du légat, quinze jours après en avoir été légalement requis. Le clergé promit à son tour de lui prêter son appui, s'il ne s'écartait pas de la teneur du serment qu'il venait de prononcer; mais aussi de répudier ses intérêts, s'il se montrait un seul instant parjure (1).

Le concile de Clermont n'eut aucun égard à cette démarche intempestive. Etienne fut déposé comme simoniaque, en même temps que Guillaume, prieur de Chamalières, qui, s'étayant de la promotion forcée d'Etienne à l'évêché du Puy, avait cru devoir suivre cet exemple, et s'était emparé du siège épiscopal de Clermont, sans aucune forme canonique.

A peine le concile fut-il terminé que le légat partit pour la ville de Lyon, d'où il se rendit au Puy, avant que les quinze jours demandés par Etienne fussent expirés; mais le prélat déposé n'avait pas attendu son arrivée, et une

______

(1) *Hist. du Lang.* par D. Vaissette, t. II, p. 237 et 238.

prompte fuite l'avait dérobé aux humiliations qui lui étaient réservées. Le légat purifia l'église, célébra la messe pontificalement, et, se tournant après l'évangile vers le peuple et le clergé, il leur exposa en détail les conventions arrêtées par le pape avec Etienne de Polignac, auxquelles celui-ci avait proditoirement dérogé ; il leur défendit de lui obéir en quoi que ce fût par la suite, et le déclara pour toujours excommunié, s'il s'ingérait à l'avenir dans le gouvernement de l'église du Puy. Grégoire VII confirma ce jugement par deux lettres datées du 23 mars 1077 (1). La première défendit aux chanoines du Puy de reconnaître Etienne pour évêque, leur ordonna de le fuir comme excommunié, et leur enjoignit de procéder à l'élection d'un autre prélat, après s'être fait relever de l'excommunication qu'ils avaient eux-mêmes encourue. La seconde lettre était adressée à tous les évêques des Gaules. Grégoire VII s'y plaignait des procédés d'Etienne qui continuait à s'immiscer dans le gouvernement de l'église du

---

(1) *Greg. VII*, lib. IV, epist. 18 et 19.

Puy, malgré ses ordres réitérés et nonobstant l'excommunication lancée contre lui par son légat. Il leur défendait, sous peine d'anathême, de lui donner aucun secours, et faisait injonction à tous les peuples de s'abstenir d'apporter aucune offrande à l'église du Puy, jusqu'à ce qu'elle fut délivrée de l'oppression où la retenait Etienne, et parce que la valeur de ces offrandes ne servirait qu'à le maintenir dans sa désobéissance; il ordonnait enfin aux prélats de publier dans leurs diocèses l'excommunication fulminée contre l'évêque du Puy en Vélai, simoniaque et rebelle au Saint-Siège.

On ignore comment se termina la rébellion de l'évêque Etienne de Polignac. Il paraît certain que, malgré sa déposition par le concile de Clermont, il n'en continua pas moins à régir le diocèse du Puy, et qu'enfin Grégoire VII prit le parti d'ordonner à son légat de s'entendre avec l'abbé de Cluny, Saint-Hugues, afin de faire cesser le scandale par un accommodement à l'amiable (1).

____

(1) *Gregorius VII*, lib. IV, epist. 22.

Guillaume, son frère aîné, vicomte de Polignac, avait fourni durant cette longue discussion des secours à l'évêque du Puy; il s'était marié, et de sa femme Adelaïde il avait eu deux fils, Pons et Héracle, qui s'étaient montrés, dès leur adolescence, les plus ardens défenseurs de leur oncle. Tous deux possédèrent la vicomté par indivis; et, profitant des troubles excités par les querelles du clergé, ils s'emparèrent des biens ecclésiastiques qu'ils jugèrent à leur convenance. Mais Etienne ayant terminé sa carrière au monastère de Lérins, où il avait fini par ensevelir son ambition et sa turbulence, fut remplacé à l'évêché du Puy par Aymar ou Adhémar de Monteil, et celui-ci réclama sans délai les propriétés de l'église, envahies par des laïques. Les deux derniers vicomtes avaient usurpé plus du tiers de la totalité des bénéfices ou domaines consacrés à l'entretien des autels et du clergé dans la province de Vélai. Les vexations qu'ils exerçaient sur les vassaux de l'église n'avaient pas de bornes, et ils refusèrent de se rendre aux sages observations d'Adhémar. Ce prélat se vit obligé de recourir à la force; il leva des troupes et déclara la guerre aux vicomtes; mais ce ne fut qu'après de sanglans combats qu'il parvint à les amener à composition. Ils se désistèrent de toutes leurs prétentions sur l'église du Puy, qui recouvra ainsi son ancienne liberté, moyennant la somme de vingt-cinq mille sous, monnaie du Puy, que leur compta l'évêque Aymar(1).

Le prélat, satisfait d'avoir rendu la tranquillité à son église, ne l'était pas autant de lui-même, et il conçut le projet de faire le voyage de la Terre-Sainte pour se racheter de ses péchés et se purger de toute souillure; il entraîna sur ses pas une grande partie de la noblesse du Vélai, et entr'autres le vicomte Héracle, qui partit à la tête d'un nombreux détachement formé de ses parens pour la plupart. Héracle, en Asie, donna des preuves de sa valeur, devint grand porte-étendard de l'armée sainte, et périt au siège d'Antioche. Les chroniques rapportent qu'il ne fut tué que parce qu'il avait excité la colère du Ciel,

____

(1) *Hist. du Lang.* par D. Vaissette, tom. II, p. 271 ; et preuves, p. 8.

en confiant aux mains d'un subalterne le drapeau sacré qu'il était chargé de porter (1).

Le vicomte Pons de Polignac mourut sans
postérité, et la seigneurie échut à un autre
Pons, fils d'Héracle et de Jeanne de Mont-
boissier. Celui-ci épousa une noble dame
nommée Élisabeth, dont il eut un fils que
nous désignerons sous le nom d'Armand II,
lequel, vers 1130, donna sa main à une Auxiliende, de famille inconnue. Le frère de cette
Auxiliende avait, en 1112, remplacé l'évêque
Aymar au siège du Puy en Vélai. A ce prélat
succéda bientôt un oncle paternel de Pierre-
le-Vénérable ; mais la canonicité de son élection étant contestée, il se vit forcé d'entreprendre le voyage de Rome et de se rendre
auprès du pape Pascal II, afin de justifier de la
validité de sa nomination. Pons de Polignac,
fils d'Héracle, l'accompagna dans ce voyage,
et, selon toute probabilité, avec l'intention
de lui nuire dans l'esprit du souverain pontife ; car on l'avait toujours compté parmi
les ennemis du prélat : toutefois, le vicomte

---

(1) *Hist. du Lang.* par D. Vaissette, tom. II, p. 310.

mourut à Rome. On l'honora par des obsè-
ques magnifiques, et il fut inhumé dans l'église
de Saint-Jean-de-Latran. L'évêque inculpé
n'eut alors aucune peine à faire adopter sa
justification, et il revint triomphant dans son
diocèse (1).

Armand II ne lui laissa pas le temps de se
reposer : il déclara la guerre au clergé, mul-
tiplia les vexations dans toute la contrée, en
accabla ses vassaux, et de sa pleine puissance
établit des péages sur les routes qui con-
duisaient à la ville du Puy. Il avait pris pour
prétexte la nécessité d'entretenir convenable-
ment les routes, alors très fréquentées par les
pèlerins qui venaient en foule visiter l'église
de Notre-Dame du Puy en Vélai, y faire leurs
dévotions et y porter leurs offrandes; mais
son but réel était de rançonner les voyageurs :
ce qu'il fit avec une avidité et une violence
inimaginables.

Auxiliende lui avait donné deux fils, Pons III
et Héracle II, qu'il se hâta d'associer à ses
brigandages, aussitôt qu'il les vit en état de

____

(1) *Gall. christ.* tom. II, p. 483.

manier la lance, la hache et l'épée. Ils commirent tant de ravages dans le Vélai, et la désolation des campagnes devint telle, que l'é-
vêque crut devoir recourir aux armes, soit
pour défendre ses propres domaines, soit pour
soutenir les intérêts du peuple et venger les
malheureux qui gémissaient sous une horrible
tyrannie. La guerre qu'il entreprit eut de
nombreuses vicissitudes; des négociations se
suivirent, des transactions inutiles s'opérèrent;
mais à peine une paix était-elle conclue que
les vicomtes recommençaient les hostilités et
se livraient à de nouvelles déprédations (1).

Il paraît probable que Pons III ne laissa
pas de postérité; mais Héracle II, époux de
Bélissende, ou Assalide, fille de Guillaume VII,
comte de Clermont et de Monferrand, dauphin
d'Auvergne, et de la comtesse Isabeau de Dam-
pierre, eut pour fils et successeur Pons IV,
qui prit le titre de vicomte du vivant de son
père. La guerre entre les évêques du Puy et
les seigneurs de Polignac n'était nullement
éteinte. Ceux-ci éprouvèrent, en 1151, quel-

____

(1) *Baluze, Auv.* tom. II, p. 66.

ques revers qui les engagèrent à traiter avec
Pierre, alors revêtu de la dignité épiscopale.
Ils se résignèrent à jurer de nouveau l'obser-
vation des transactions précédemment convenues, et, pour gage de ses promesses,
Pons IV remit en ôtage, aux mains de l'évêque, trente de ses chevaliers. Il ne cherchait
en réalité qu'à gagner du temps ; et, dès qu'il
eût réuni des troupes et que, par de nouvelles
exactions, il eût rempli son trésor, il se mit
en campagne et la guerre reprit avec acharnement. Elle dura trois années, et le cri des
peuples et les réclamations du clergé attirèrent
enfin l'attention du successeur de saint Pierre,
Eugène III, qui fit passer à Bernard, évêque
de Valence, l'ordre de travailler à la pacification du Vélai (1). Ce sage prélat se réunit
aux évêques de Viviers et d'Embrun, et ils
parvinrent à obtenir de l'évêque du Puy et du
vicomte de Polignac une convention que
ceux-ci firent serment d'observer. Les quatre
prélats apposèrent leurs sceaux à l'acte qui en
fut rédigé, et les principaux vassaux et alliés

______

(1) *Gall. christ.* tom. III, p. 1182.

du vicomte imitèrent leur exemple ; mais, peu de jours après le départ des mandataires du Saint-Siège, les vicomtes avaient violé le traité, leurs soldats ravageaient la contrée, des péages plus vexatoires que les premiers étaient établis sur les routes, et les sires de Polignac commettaient des désordres intolérables, suivis de nouveaux ravages.

L'évêque du Puy s'opposa d'abord à leurs entreprises par la voie des armes ; puis, après de grands pourparlers, il consentit à tenter un nouvel accord que lui proposait l'évêque de Mende, Adalbert. Les vicomtes n'eurent rien de plus pressé que d'en jurer encore l'exécution avec tous leurs chevaliers, et de l'enfreindre dès qu'ils le jugèrent à propos. Le comte d'Auvergne, Guillaume, voulut à son tour essayer un accommodement ; mais, ne pouvant venir à bout de concilier les prétentions contradictoires de ces esprits inquiets, il leur proposa une trève de sept années durant lesquelles les vicomtes de Polignac ne percevraient aucun péage sur les chemins, et rétabliraient le château de Saint-Paulhan qu'ils avaient détruit ; le traité fut signé, mais rompu presque aussitôt. Enfin les abbés de La Chaise-Dieu et de Mauzac voulurent aussi faire quelques efforts pour obtenir la pacification du pays, et il paraît qu'il fut convenu entre les parties contendantes qu'elles se partageraient, suivant des proportions qu'elles arrêtèrent, le revenu du péage des grands chemins. L'évêque du Puy écrivit alors au roi de France, Louis-le-Jeune (1); il lui rendait compte de toute sa conduite; il lui exposait qu'il s'était vu contraint à excommunier le vicomte de Polignac, parce qu'il continuait à imposer des taxes sur les routes, et qu'il rançonnait odieusement les pèlerins, les marchands et les voyageurs; il ajoutait que, cependant, il avait obtenu par un traité que le vicomte partageât avec l'église les émolumens du péage, et il sollicitait l'approbation de cet accommodement. Mais Adalbert, évêque de Mende, laissa éclater une vertueuse indignation en lisant cette lettre que le Roi lui communiqua; il se récria sur l'injustice d'une convention qui faisait participer l'église du

---

(1) *Duchesne*, tom. IV, p. 676.

Puy aux violences et aux vexations du vicomte, et il supplia le Roi d'y refuser son adhésion.

Soit qu'en effet le roi Louis fût entré dans les nobles sentimens que lui avait exprimés Adalbert, et qu'il eût repoussé le singulier traité qu'on n'avait pas eu honte de lui soumettre, soit que les vicomtes de Polignac accoutumés aux exactions et peu soigneux de l'accomplissement de leur parole, eussent négligé de faire part à l'évêque du Puy du produit de leurs déprédations, les querelles et la guerre recommencèrent. Louis-le-Jeune se détermina enfin à prendre connaissance du différend, et à faire cesser, par l'emploi de son autorité, la désolation où étaient plongés les habitans du Vélai. Le Monarque se rendit à Souvigny; il y manda l'évêque et les vicomtes qui n'osèrent se soustraire à cet appel (1), et sous ses yeux, on conclut un accord par lequel Armand, son fils Héracle et son petit-fils Pons IV, promirent, par un serment solennel, de vivre en paix avec Pierre, évêque du Puy, et de cesser de rançonner les voya-

____

(1) *Baluze, Auv.* tom. II, p. 66 et suiv.

geurs. Pour sûreté de leur promesse, ils engagèrent toutes les terres qu'ils tenaient en
fief de l'évêque, jusqu'à la concurrence d'une
valeur de cinq cents marcs d'argent. Ayant
ensuite accompagné le Roi à Vézelay, et vou-
lant lui donner une preuve de leur bonne foi,
ils ajoutèrent d'eux-mêmes à cette caution
d'autres terres en valeur de deux cents marcs
d'argent, et se soumirent à perdre tous les
domaines qu'ils tenaient en fief du Roi et de
l'évêque du Puy, s'ils enfreignaient en aucune
circonstance la paix qu'ils venaient de jurer.
Ils remirent, en outre, comme garantie,
quelques châteaux au Monarque et au prélat.
Qui n'eût cru que cette paix devait être éternelle?

Les vicomtes de Polignac n'étaient pas les
seuls seigneurs qui employassent leurs forces
à vexer les voyageurs, le clergé, les évêques
et les abbayes (1). L'autorité féodale était
toute puissante dans ce malheureux siècle, et
la famille illustre dont nous écrivons l'histoire,
se trouvait guidée dans la carrière des abus

-----

(1) *Hist. du Lang.* par D. Vaisselte, tom. III, p. 5 et 6.

par les comtes d'Auvergne eux-mêmes, qui comptaient parmi leurs principaux revenus le produit de leurs déprédations sur les grandes routes. La crainte des foudres de l'Église ne les arrêtait que momentanément. Le pape Alexandre III les avait un instant contenus par sa présence en Auvergne, mais lorsque le pontife eut quitté cette province, ils s'allièrent au comte de Rodez, à Pons IV, vicomte de Polignac, et à d'autres chevaliers; ils formèrent par leur réunion une armée formidable à des prêtres, à des paysans, aux paisibles habitans des villages, et ils allèrent ravager la ville de Brioude et son abbaye. Le cri des peuples et les plaintes des évêques ne tardèrent pas à faire connaître au Pape les nouvelles violences dont les seigneurs les rendaient victimes. Alexandre excommunia d'abord les comtes d'Auvergne et les vicomtes de Polignac, par une bulle donnée à Paris sous la date du 20 mars 1163 (1). Nonobstant leurs vaines et fausses soumissions, ils forcèrent la plupart des évêques et des abbés à quitter la

---

(1) *Duchesne*, tom. IV. p. 608 et suiv. page 681.

contrée; mais ceux-ci se rendirent à la cour,
et exposèrent au roi Louis-le-Jeune et leurs
griefs et la triste position où ils étaient ré-
duits. Le Roi se laissa toucher par leurs prières,
déclara qu'il les prenait sous sa protection,
se mit à la tête d'une armée, s'avança vers
l'Auvergne et pénétra dans le Vélai. Le but
que se proposait surtout le Prince était la punition des vicomtes de Polignac qui, malgré
les promesses les plus solennelles, conti-
nuaient d'être la terreur des églises, et qui le
défiaient les armes à la main, au mépris de
ses sommations réitérées. Il alla donc mettre
le siège devant le château de Nonnètes, place
forte située aux environs de Brioude (1), où
s'étaient renfermés Héracle et Pons. Le siège
fut poussé avec une activité extraordinaire,
et les deux vicomtes, hors d'état de résister
plus long-temps à leur souverain, sortirent
en supplians de leur forteresse, vinrent se jeter aux pieds du Monarque, lui déclarèrent
qu'ils se rapporteraient de leur sort à sa vo-

---

t (1) *D. Vaissette*, tom. III, p. 21, 22 et suiv.—*Baluze, Auv.*
om. II, p. 66. —*Duchesne*, tom. IV, p, 653 et suiv.

lonté ou à la décision de sa cour, et se con-
stituèrent prisonniers entre ses mains pour
sûreté de leurs nouvelles promesses. Le Roi
ne voulut rien accorder sans en avoir prévenu le prélat Pierre, qui ne put se dispenser
d'admettre la médiation du Prince. Louis-le-
Jeune se rendit ensuite en pèlerinage au Puy
en Vélai, où il s'acquitta de ses dévotions à
l'église de Notre-Dame, avec beaucoup de fer-
veur, et repartit pour Paris où il emmena,
comme prisonniers, les vicomtes Héracle II
et Pons IV.

L'évêque du Puy profita de l'emprisonnement des vicomtes de Polignac et des comtes
d'Auvergne, qui partageaient le même sort,
pour travailler efficacement à la réformation
des églises de son diocèse. Il se rendit ensuite
à la cour, et supplia le Roi de lui accorder
une audience publique, dans laquelle il se proposait d'accuser les vicomtes de Polignac
en leur présence même, d'énumérer les griefs
dont il avait à se plaindre, de les prouver s'ils
étaient contestés, et d'en poursuivre judiciai-
rement la réparation. Les prisonniers effrayés
se réclamèrent du roi d'Angleterre, Henri II,

dont ils se prétendirent les vassaux, attendu, disaient-ils, qu'ils avaient fait hommage à la reine répudiée, Aliénor d'Aquitaine, devenue femme de Plantagenet; mais Louis-le-Jeune n'admit pas ce subterfuge. L'évêque Pierre parut devant la cour; il articula des faits que n'osèrent démentir les accusés; leur défense même fut loin de disposer les esprits en leur faveur, et le Roi, ayant pris les avis séparés de chacun des membres de son conseil, chargea Thibaut, comte de Blois et de Champagne, de prononcer la sentence définitive dont il les frappait. Les vicomtes de Polignac furent condamnés à réparer tous les dommages qu'ils avaient causés à l'église du Puy; à subir les peines auxquelles ils s'étaient naguère volontairement soumis, dans le cas où ils eussent violé les traités conclus par eux avec les prélats; à faire restitution à l'évêque de toutes les sommes qu'eux, leurs gens ou leurs chevaliers avaient imposées sur les routes aux pèlerins, aux voyageurs, aux marchands, aux ecclésiastiques, depuis l'accord de Souvigny : à charge par l'évêque de dédommager à son tour les individus lésés, s'ils ne consentaient à faire don à Notre-Dame du Puy du produit des extorsions dont ils avaient été victimes.

Ce n'était pas tout encore; les vicomtes avaient offensé la majesté royale. Le Monarque ne pouvait ensevelir dans l'oubli de telles fautes. On eut soin de les lui rappeler, peut-être même d'en exagérer l'énormité, et tous les fiefs des coupables furent confisqués au profit de la couronne. On ne leur laissa entrevoir la possibilité de recouvrer la liberté, qu'après avoir satisfait à toutes les conditions de la sentence qui les condamnait. Cependant la colère du Roi ne tarda pas à s'apaiser, et il leur fit généreusement ouvrir les portes de la prison qui les renfermait. Les vicomtes se hâtèrent de regagner leurs foyers. Ce fut du château de Polignac que, peu de temps après, Pons IV écrivit à Louis-le-Jeune la lettre suivante (1).

« Mon père et mon seigneur, j'ai fait ce
« qui était en mon pouvoir pour satisfaire
« aux articles dont j'ai juré l'exécution à vous,

____

(1) *Duchesne*, tom. IV, p. 716.

« au comte Raymond et au comte Thibaud.

« J'ai remis sept chevaliers, comme otages ,
« entre les mains de l'abbé Séguret ; mais il
« ne m'a pas été possible de remettre les six
« fils de gentilshommes désignés par mes en-
« nemis. Deux sont en effet mes parens, mais
« ils ne sont pas mes vassaux ; deux autres
« sont encore au berceau, et les deux der-
« niers seraient allés se présenter devant vous,
« si les ecclésiastiques du Puy ne les en eus-
« sent détournés, en persuadant à leurs parens
« qu'ils ne les reverraient jamais. Excusez-
« moi, Sire ; je promets de nouveau de me
« représenter au jour marqué , et d'amener
« avec moi six jeunes gentilshommes, et
« même davantage. »

Mais nonobstant leurs promesses et même
leur bonne volonté, les vicomtes de Polignac
ne purent satisfaire à tous leurs engagemens ,
et ils allèrent reprendre leurs fers (1). Ils restèrent deux années en prison, et ce ne fut
qu'en 1171 que la liberté leur fut encore rendue, par suite d'un nouvel accord entre eux

---

(1) *Baluze*, tom. II, p 67 et suiv.

et l'évêque du Puy, qui se désista d'une partie
des avantages que lui avait accordés la sentence de la cour de France. Ils jurèrent, pour
la dixième fois, de ne plus établir de péage sur
les routes ; ils firent à l'évêque la remise du
droit dit la leude, qui leur appartenait sur
la monnaie du Puy, et de quelques autres impôts qu'ils levaient sur la ville ; ils lui donnèrent le domaine de Saint-Paulhan, lui per-
mirent d'en faire reconstruire le château,
ainsi que ceux de Castelnau et de Chamel, qui
avaient été détruits pendant la guerre, et lui
cédèrent, en outre, les forteresses de Ceissac,
d'Ainac, de Saint-Quentin et de Seneulh. Ils
lui abandonnèrent plusieurs autres propriétés,
s'engagèrent formellement à ne jamais faire
aucune acquisition dans le voisinage des domaines de l'église du Puy, à ne rien exiger
que de juste et légitime sur les terres de cette
nature dont ils étaient suzerains, et à faire
observer la paix de l'évêque dans toute l'étendue du diocèse. Ils renoncèrent à réclamer
les hommages des vassaux de l'Église, et promirent de réparer les dommages que le pré-
vôt de Brioude, fils de Pons, ainsi que leurs

alliés, avaient causés jadis à l'évêque. Cet onéreux traité fut juré par eux sur les saintes reliques ; Louis-le-Jeune s'en rendit garant envers le prélat, et engagea sa parole royale qu'il le ferait approuver par le Pape.

Il était évident que les vicomtes n'avaient signé de telles conditions, qui les dépouillaient entièrement, qu'afin de recouvrer leur liberté. Héracle II ne tarda pas à payer sa dette à la nature ; il mourut sans avoir exécuté les clauses du traité, et Pons qui lui succéda suivit ses traces, en traînant leur accomplissement en longueur par tous les détours qu'il put imaginer. Enfin l'évêque du Puy, bien convaincu que jamais il n'obtiendrait la paix, s'il ne se relâchait d'une partie de ses exorbitantes prétentions, consentit à une dernière transaction qui fut ménagée par l'entremise de l'archevêque de Vienne et de l'évêque de Clermont. Une sentence arbitrale, rendue par les deux prélats dans l'année 1173, soumit l'évêque du Puy à concéder en fief à Pons, vicomte de Polignac, la moitié de la monnaie dite la leude et des autres domaines du Puy, à lui concéder également en fief deux des quatre châteaux de Ceissac, Aymac, Saint-Quentin et Seneulh, et à lui restituer les deux autres sans condition aucune. Le vicomte fut également astreint à rendre au prélat diverses acquisitions qu'il avait faites à son préjudice dans l'étendue de ses vassalités. Tous les deux furent invités à prendre l'engagement de n'acquérir désormais aucun genre de seigneurie sur les territoires des châteaux dont ils allaient chacun posséder actuellement une portion déterminée, et de n'exiger le prélèvement d'aucun droit dans les domaines l'un de l'autre. La reconstruction du château de Saint-Paulhan et de tous ceux que la guerre avait détruits, fut autorisée; enfin ils durent se partager l'impôt de treize deniers, qui se levait par feu dans la ville du Puy. On en assigna cinq à l'évêque, trois au chapitre de la cathédrale, et les cinq autres au vicomte, qui cependant devait reconnaître qu'il les tenait en fief du prélat. Les arbitres prononcèrent ensuite sur les formes à suivre pour la répartition, la perception et le partage du produit de cet impôt, et sur les exemptions que réclamaient les bourgeois, et ils firent défense expresse aux

parties d'en créer ou d'en exiger aucun autre.
Pons jura solennellement d'observer cet accord (1), et Louis-le-Jeune le ratifia par une
charte datée de Fontainebleau (1173). C'est
ainsi que la paix fut rendue au Vélai , après
une longue série de guerres et de dévastations.

Pons IV avait épousé Alcinoïs de Montlaur , et quatre enfans étaient issus de ce mariage : Héracle, qui devait être son héritier de
nom et d'armes, et qui mourut sans postérité ;
Pons V qui devint, par la mort de son frère,
vicomte de Polignac ; Etienne et Hugues,
chanoine de Brioude. Ils avaient tous signé
le traité et juré de l'observer avec leur père
et un grand nombre de chevaliers. Le repentir des maux que leur famille avait causés
ne tarda pas à s'introduire dans leurs cœurs
avec un esprit de religion qu'ils avaient repoussé jusqu'alors. Le 15 septembre 1181 , il
se tint un concile dans la cité du Puy en Vélai (2). Le vicomte Héracle s'y rendit, pressé

---

(1) *Baluze*, *Auv.* tom. II, p. 68.
(2) *Ibid.* tom. II, p. 63 et suiv.

par ses remords. Associé deux années auparavant avec les brigands que l'on nommait
rouptiers, il avait, à leur tête, attaqué, pillé
et brûlé Brioude, ainsi que le village de Saint-
Germain. Du consentement de Pons IV, son
père, il entra nu-pieds dans la ville, la traversa en récitant des prières, et, arrivé à la
porte de l'église Saint-Julien, il s'y soumit à
la pénitence; il s'approcha ensuite de l'autel
du saint martyr, et, après y avoir achevé ses
dévotions, il se présenta au chapitre assemblé
pour le recevoir. Là, il se remit à la discrétion des chanoines. Il leur céda en premier
lieu le château de Cusse et ses dépendances,
avec d'autres domaines qu'il reçut d'eux en
fief à l'instant même, sous la condition qu'aucun des vicomtes de Polignac ses successeurs
ne pourrait les aliéner; il leur accorda d'autres privilèges utiles, et promit de fonder un
prieuré de l'ordre de Grandmont, à Viage,
près de la Voulte en Vélai. Il s'engagea de
plus, entre les mains de Géraud, évêque de
Cahors, à réparer envers les chanoines de
Brioude tous les dommages provenus de ses
déportemens, tandis qu'il était allié à des mal-

faiteurs, et ce jusqu'à la concurrence de deux mille marcs d'argent. Il tint religieusement sa parole, fit construire et dota le prieuré, paya les sommes dont il s'était reconnu débiteur envers le chapitre, et quelques années après (1190) il accompagna le roi Philippe-Auguste à la Terre-Sainte. Il paraît qu'il y mourut. Pons IV, son père, touché de cet exemple, fit, en l'année 1213, hommage de sa vicomté à l'évêque du Puy, Bertrand, et à son église (1). Ce mouvement de piété fut le premier hommage rendu aux prélats du Vélai par les vicomtes de Polignac. Pons embrassa la vie monastique dans l'ordre de Citeaux.

La ville du Puy, à cette époque, se distinguait par l'élégance des mœurs et le talent de ses troubadours (2). Ils étaient renommés dans toutes les cours du midi, et ils égayaient ou scandalisaient les bons habitans de ces contrées par l'agrément de leurs chansons ou la honte de leurs aventures. Guillaume de Saint-Dizier ou Leizier, châtelain de Noaillac,

---

(1) *Hist. du Lang.* par D. Vaissette, tom. III, p. 275.
(2) *Ibid.* t. III, p. 97.

fut bon chevalier d'armes, libéral, instruit ,
poli, civil, vaillant et galant, disent les anciennes chroniques. Il osa porter ses vœux
aux genoux de Marquise, sœur du dauphin
d'Auvergne et femme de l'un des vicomtes de
Polignac; il lui dédia ses poésies sous le nom
de Bertrande; mais également épris des char-
mes de la comtesse de Roussillon en Viennois,
dame d'un mérite infini, le troubadour-che-
valier composa aussi des chansons et des syr-
ventes en son honneur. Un infidèle ami révéla
cette nouvelle intrigue à la belle vicomtesse
Marquise, qui n'eut rien de plus pressé que de
préparer des moyens de vengeance, et de livrer son spirituel ami aux attaques de quelques déloyaux chevaliers. Dans sa jalousie,
elle fit part de ses soupçons à la comtesse de
Roussillon, et le poète, exposé aux reproches
de ces femmes puissantes et irritées, disgracié
des deux belles qu'il avait aimées, périt peut-
être dans un des pièges qu'elles lui tendirent.
Le chevalier Guillaume de Saint-Dizier était
très habile à trouver.

Pons V, fils d'Alcinoïs de Montlaur, hérita
de la vicomté de Polignac. Il se résolut à

prendre la croix en 1248; mais il manquait d'argent. Afin de subvenir aux frais de son voyage, il vendit au chapitre du Puy, enrichi des dépouilles de sa famille, les droits *de leude* qu'il possédait encore sur la monnaie de cette ville (1). On sait que ce droit ne consistait plus qu'en cinq deniers pour livre sur toutes les pièces monétaires qui se fabriquaient au Puy; il en reçut une somme de vingt mille sous viennois. Pons V mourut sous les murs d'Antioche. Il avait donné sa main, en 1223, à la belle Alix de Trainel, fille de Garnier de Trainel (de Triangulo) (2), et il laissait son titre et ses domaines à son fils Armand III, dont il avait, avant son départ, confié l'éducation à son frère Etienne, abbé de Saint-Pierre de la Tour au Puy. Armand avait une sœur qu'il maria au sire de Montlaur en Vivarais, et à laquelle il assigna la dot, immense pour le temps, de quatre cents marcs d'argent, poids du vicomte, valant chacun quatre-vingts sous du pays; il y ajouta la terre de Prade,

---

(1) *Hist. du Lang.* par D. Vaissette, tom. III, p. 461.
(2) *Hist. de la Maison d'Auvergne,* tom. II, p. 251.

et les plus grands seigneurs du Vélai se portèrent caution de cette dot importante.

Armand III épousa, en 1251, Béatrix,
fille de Beraud, seigneur de Mercœur, et de
Blanche de Châlons. Sa famille lui constitua
une dot de vingt-cinq mille sous de Clermont.
Trois années après, l'abbé de Saint-Pierre de
la Tour, oncle d'Armand, devint évêque du
Puy en Vélai; il succédait à Bernard de Ven-
tadour.

Les intérêts qui avaient si long-temps di-
visé les sires de Polignac et les prélats du
Puy, n'étaient pas encore parfaitement con-
ciliés en 1272. La médiation de Garin, sire
de Montaigu, aplanit les différends qui les
séparaient (1), et le vicomte-Armand IV fit
hommage à l'évêque Guillaume de La Rouë,
de toutes les terres, de tous les châteaux, de
tous les droits, impôts ou privilèges qu'il tenait en fief de l'église du Puy. Armand IV
mourut au commencement de l'année 1274 :
il fut inhumé dans l'église du château de Polignac, et son fils aîné, Armand V, qu'il avait

---

(1) *Hist. du Lang.* par D. Vaissette, tom. IV, p. 45.

eu de la vicomtesse Marquise, dame de Randon, sa femme, renouvela cette transaction
et cet hommage, en prenant possession de la
succession paternelle.

Philippe-le-Bel régnait alors en France.
Les droits des monarques sur leurs grands vassaux se réduisaient à cette époque à de très
faibles avantages. Le système des impositions,
sans aucune fixité, dépendait, pour son exécution temporaire, de l'adhésion des feuda-
taires de la couronne, qui, sauf à faire la
guerre au suzerain, se refusaient souvent à
contribuer aux dépenses de l'Etat, ou même
à permettre les levées de la portion de l'impôt que le temps et l'habitude avaient consa-
crée. Philippe-le-Bel eut des besoins; il s'a-
dressa pour y subvenir aux seigneurs que le
serment et la foi rendaient ses serviteurs, et
Armand V, vicomte de Polignac, l'un des
vassaux immédiats compris dans la sénéchaussée de Beaucaire, dont le Vélai faisait
partie, consentit, sur la demande du Monarque, à ce qu'une imposition extraordinaire
fût levée sur les terres de son domaine. Le
Roi déclara, par lettres du 8 septembre 1294,

que l'assentiment actuel du vicomte ne pourrait lui porter aucun préjudice à l'avenir, ni à aucun de ses vassaux, et qu'il ne prétendait acquérir sur eux aucun nouveau droit fiscal (1). Ce monument du treizième siècle est curieux pour l'histoire.

Les démêlés de Philippe-le-Bel et de Boniface VIII, remplissaient la France de désordres et de douleurs. Le Monarque excommunié par le Pape rassembla les Etats-Généraux du royaume, et somma les trois ordres de donner séparément leur avis en faveur de l'indépendance de la couronne. La noblesse et les communes se prononcèrent avec énergie ; le clergé voulut ménager le chef de l'Eglise, et les évêques les plus sages proposèrent d'en référer à un concile général. De toutes parts on signa des actes d'adhésion à l'appel du Roi, et le nom d'Armand V, vicomte de Polignac, ne parut ni des derniers, ni des moins marquans, sur la liste des défenseurs du trône. Boniface VIII offrit la couronne de France au Roi des Romains ;

____

(1) *Hist. du Lang.* par D. Vaissette, tom. IV, p. 83.

mais au milieu des scènes funestes que suscitait le scandale d'une violence sans excuse de
part et d'autre, ce Pontife vint à mourir, et
son successeur Benoît VI, aussi modéré que
Boniface était ardent, essaya de calmer une
effervescence si opposée aux vrais intérêts de
l'Eglise et si contraire à l'ordre public. Peu de
temps après la signature de l'acte d'appel, la
Flandre devint un théâtre de carnage. Philippe convoqua sa noblesse, et les vicomtes
de Polignac furent du nombre des vassaux
de la couronne de France, à qui, dans l'église
de Chartres, par l'organe de Jean d'Auxi,
chantre de l'église d'Orléans, et de Nicolas de
Luzarches, prieur d'Auvers, il intima l'ordre
de se mettre en armes à la tête de leurs chevaliers et de leurs gens, afin de le suivre à la
guerre de Flandre (1).

Armand V, après avoir honorablement
combattu les ennemis de la France, mourut
sans enfans mâles, et la vicomté de Polignac
se trouva dévolue à son frère Guillaume de
Randon, dont la vie eut peu d'évènemens

---

(1) *Hist. du Lang.* par D. Vaissette, tom. IV, p. 126.

remarquables. Il avait obtenu en 1322, la main de Béatrix de Baux. Elle lui donna un fils, Jean de Randon, qui mourut avant son père, en laissant de sa femme, Marguerite de Roquefeuil, deux enfans. L'aîné, Randonet de Randon, n'atteignit pas l'âge viril, et le second devint vicomte de Polignac, en prenant le nom d'Armand VI.

C'était l'époque où des troupes d'aventuriers, réunies sous la dénomination de grandes compagnies, dévastaient les campagnes de la France, et suivaient les princes qui voulaient les payer, en livrant au meurtre et au pillage tous les lieux où, par malheur, ils élisaient leur domicile (1362). L'un des principaux chefs de ces légions de brigands, nommé Pacimbourg, s'était emparé du château de Salgues en Gévaudan, sur les limites de l'Auvergne et du Vélai (1). Le maréchal d'Andreghem se chargea d'en faire le siège, et il fut merveilleusement secondé par Armand de Polignac, Guillaume de Chalançon, et plusieurs autres seigneurs de la contrée, à la tête

---

(1) *Hist. du Lang.* par D. Vaisselle, tom. IV, p. 315 et suiv.

de leurs vassaux. Pour unique récompense de leurs services, ces guerriers supplièrent le maréchal de permettre que le corps de Robert Dauphin, sire de Saint-Elpide, accusé de plusieurs crimes, arrêté et long-temps détenu comme prisonnier à Nismes où il était mort, leur fût livré, afin qu'ils le remissent en terre sainte et lui obtinssent la sépulture ecclésiastique ; car il avait été déposé en terre profane, et c'était alors une tache ineffaçable pour la famille. Le maréchal accorda cette grace à leurs sollicitations multipliées et aux recommandations pressantes du dauphin d'Auvergne qui écrivit des prisons de l'Angleterre, où il était retenu comme l'un des otages du roi Jean (1). Françoise d'Aurose, veuve infortunée de Robert Dauphin de Saint-Elpide, reçut son corps des mains du vicomte Armand, à qui les geôliers l'avaient délivré, d'après les ordres du maréchal d'Andreghem, et elle le fit inhumer, sans cérémonie publique, au couvent des cordeliers de Nismes. Le vicomte de Polignac avait fait un grand acte de

______

(1) Registre 9 de la sénéchaussée de Nismes.

générosité en demandant cette faveur au maréchal ; car de fàcheuses contestations s'étaient
naguère élevées entre lui et le sire Arnaud de
la Rouë pour une succession. Robert Dauphin
de Saint-Elpide, avait favorisé le parti des
ennemis du vicomte en lui déclarant la guerre,
et, par une diversion qui pouvait l'anéantir,
il avait manqué de s'emparer du château de
Polignac, dans lequel il s'était presque introduit
par une escalade, aidé de perfides intelligences. Le vicomte s'était défendu avec succès ; il avait attaqué, pris et rasé plusieurs
places appartenant à ses adversaires, et entre
autres le château d'Usson ; mais nonobstant
tout accommodement, Robert Dauphin était
resté, dans son ame, au rang de ses ennemis
capitaux. Armand **VI**, qui s'était livré à cette
guerre sans le congé du Roi, demanda aussi
des lettres de rémission au maréchal, qui les
lui délivra sans hésiter, en considération des
services qu'il avait rendus au Roi durant le
siège de Salgues, où il avait conduit cent
vingt hommes d'armes et mille fantassins, en-
tretenus et payés de ses deniers (1).

(1) *Baluze, Auv.* tom. II, p. 439.

Pacimbourg ne fut pas le seul chef des grandes compagnies qui éprouva la valeur du vicomte de Polignac. Un autre brigand, du nom de Robaut ou Rambaud (1), s'était établi à Anse, sur les bords de la Saône, entre la ville de Lyon et celle de Mâcon, et il désolait la contrée par ses violences. Il conçut le projet d'une expédition lointaine et plus lucrative, réunit cent cinquante capitaines, se mit à leur tête, et, suivi de nombreux soldats, il pénétra dans le Vivarais et le Bas-Languedoc. Rambaud ne réussit que trop dans son entreprise de ravage et de désolation, et il revenait à son repaire, chargé de butin, lorsqu'il fut rencontré, entre Annonay et Saint-Julien, par Armand VI, qui commandait les communes armées du Vélai, et plusieurs seigneurs qui avaient joint leur étendard à celui de Polignac. Les troupes du Puy attaquèrent les brigands de Rambaud, les taillèrent en pièces, après une vigoureuse résistance, et comptèrent enfin leur chef au nombre des prisonniers dont ils s'emparèrent.

---

(1) *Hist. gén. du Lang.* par **D. Vaissette**, tom. IV, p. 329.

Le lieu du combat a conservé jusqu'à nos jours le nom de *La Bataille*. Rambaud fut conduit à Villeneuve d'Avignon, où on lui donna des juges, qui le condamnèrent à la peine capitale. Son corps, mis en quartiers, fut, selon l'usage du temps, attaché à quatre gibets et exposé près des villes où il avait commis le plus de déprédations.

Armand VI avait épousé Mascaronne de Montaigu, qui lui avait donné plusieurs enfans; mais tous ses fils moururent avant lui, et il ne lui resta qu'une fille nommée Valpurge, qui devint l'héritière de la vicomté de Polignac, dame de Randon et de Randonet. Parmi tous les prétendans qui sollicitèrent sa main, Armand choisit Guillaume, sire de Chalançon, à condition que les enfans qui proviendraient de ce mariage prendraient le nom et les armes de Polignac. Quelques auteurs ont écrit que Guillaume de Chalançon sortait lui-même de la maison de Polignac, par un Etienne, frère cadet de Pons IV; mais ils n'apportent aucune preuve à l'appui de cette assertion (1).

____

(1) *La Chesnaye Desbois. Dict. de la noblesse*, tom. XI, p. 389.

Valpurge donna le jour à deux enfans : une fille, nommée Béatrix, qui fut mariée au sire d'Oliergue, Agne de La Tour, et un fils, Pierre de Chalançon, qui, du chef de sa mère, prit le nom d'Armand VII, vicomte de Polignac (1). Ce vaillant chevalier, vieilli dans l'exercice des armes, reçut, en 1418, du Dauphin, qui fut depuis Charles VII, le titre

---

(1) J'ai suivi, pour établir cette généalogie et la translation de la vicomté de Polignac dans une autre famille, le *Dictionnaire de la Noblesse* de La Chesnaye Desbois. Dom Vaissette, dans son *Histoire générale du Languedoc*, tom. IV, p. 448, donne à Armand VI un frère qui lui succéda sous le nom d'Armand VII, et ce fut celui-ci qui, selon ce savant historien, épousa Mascarone. Armand VI, n'ayant pas d'enfans, avait substitué la vicomté, après la mort de son frère, à Pierre de Chalançon, fils de Valpurge ; mais Armand VII testa à son tour en faveur d'Armand de Montlaur, son petit-fils, par les femmes, au préjudice de Pierre de Chalançon. Un procès eut lieu entre les vicomtes de Chalançon et de Montlaur ; il fut terminé en 1464, par un arrêt du parlement de Paris, qui adjugea la vicomté de Polignac à l'arrière petit-fils de Guillaume de Chalançon et de Valpurge, aux charges et conditions du testament d'Armand VI. On ne peut assurément douter du procès qui a existé entre les prétendans à la succession d'Armand VI ; mais La Chesnaye Desbois donne des dates généalogiques qui me semblent plus régulièrement suivies que celles de dom Vaissette. Le procès n'est qu'un incident peu important aujourd'hui, puisque les Chalançon l'ont emporté sur leurs rivaux. Il me suffisait de constater que la famille actuelle de Polignac descendait directement de la maison de Chalançon par les hommes.

de capitaine et lieutenant-général, pour le Roi, des provinces du Vélai, du Gévaudan, du Vivarais et de Valentinois. Il mourut en 1421, et laissa de sa femme, Marguerite de Saligny, trois enfans : Isabelle, mariée au comte de Montlaur; Marguerite, épouse d'Urban, comte de La Chambre en Savoie; et Louis Armand VIII, vicomte de Polignac.

Armand VIII déploya l'opulence de sa maison, lorsqu'en 1447 les jacobins vinrent tenir, au Puy en Vélai, le chapitre général de leur ordre; ils s'y étaient rendus au nombre de dix-huit cents. Le vicomte de Polignac les défraya magnifiquement durant six jours, et à leur départ, il fit remettre à chacun d'eux la somme de sept sous et neuf deniers pour subvenir aux frais du retour dans leurs couvens. L'aumône totale s'élevait à la valeur de plus de cent cinquante mille francs de nos jours (1).

Louis Armand VIII avait épousé Isabeau de La Tour, fille de Bertrand V de La Tour et de Marie de Boulogne, comtesse d'Au-

----

(1) *Gall. christ.* tom. II.

vergne. Il en eut plusieurs enfans : Guillaume Armand IX ; Pierre, qui devint évêque du Puy ; et Louis, qui entra dans la maison des Beaufort, vicomtes de Valence.

Armand IX, à son tour, reçut la main d'Amédée de Saluces, fille de Mainfroy, comte de Carde, maréchal de Savoie, et de Françoise de Montemayor. Ce vicomte de Polignac mourut en 1473, et laissa son titre à Claude Armand X, son fils aîné. Il avait trois autres fils : Guillaume Armand ; Bertrand, évêque de Rodez ; et Jean, seigneur de Randon.

En 1476, Louis XI fit un voyage dans le Vélai, et profita du voisinage de Notre-Dame du Puy pour y accomplir une neuvaine qu'il projetait depuis long-temps (1). Le Monarque se présenta en simple pèlerin aux portes de la cathédrale, et se déchaussa, parce qu'il avait fait vœu de se rendre nu-pieds à l'autel ; mais il trouva sans doute qu'il lui serait trop pénible d'accomplir sa promesse, et, avant d'entrer dans l'église, il se fit relever de cette

----

(1) *Hist. gén. du Lang.* par D. Vaissette, tom. V, p. 52.

partie de son vœu par le doyen, qui le revêtit d'un surplis et d'une chape canonicale. Le Roi fit de beaux présens à l'autel de Notre-Dame et à la cathédrale elle-même, et de nombreuses libéralités aux autres églises et aux pauvres qui étaient accourus de toutes les parties de la province. Il remit dix années de tailles à la ville du Puy, logea chez le vicomte de Polignac, et le 19 juillet, peu de jours après son départ, il fit remettre à ce seigneur une lettre conçue en ces termes (1).

« Mons. le vicomte, par les derniers appointemens faits entre le duc de Bretagne et moi, il fut dit que je serois tenu de bailler de ma part le scellé de plusieurs seigneurs de ce royaume, et aussi le duc, de sa part, seroit tenu de me bailler celui de plusieurs seigneurs de ses pays, et au mémoire qui m'a été envoyé y estes nommé et comprins. Vous sçavez que puisque je l'ay une fois promis qu'il faut que je m'en acquitte pour mon honneur; et pour ce, je vous prye, sur tout le service que

______

(1) *Hist. gén. du Lang.* par D. Vaissette, tom. V ; preuves, p. 47 et suiv.

me voulez faire, que, incontinent ces lettres vues, envoyez par le porteur vostre scel en la forme que par luy vous envoie, afin que je puisse l'envoyer par delà, et que je recouvre les autres, et à Dieu. Ecrit à Roanne le XIVe jour de juillet. Signé Louis, et plus bas, Bastard. »

Le scel que Louis XI demandait au vicomte de Polignac était une garantie des paroles qu'il avait données à François II, duc de Bretagne, et des traités qu'il avait conclus, lorsqu'à la tête des seigneurs ligués, disaient-ils, pour le bien public, le prince breton avait forcé le roi de France à céder de riches provinces au duc de Berry, au comte de Charolois, aux ducs de Bourbon et de Calabre. La parole du Roi le plus défiant de la terre avait elle-même besoin de caution, et il la demandait à tous ceux qu'il regardait en ce moment comme ses fidèles serviteurs. Le scel du vicomte de Polignac, qui s'empressa d'obéir, est un curieux monument historique. En voici un extrait :

« Nous, Armand, vicomte de Polignac, baron des baronies de Randon, Chalançon, Solempnhac, et seigneur de Randans, comme soit ainsi qui par entretenement du traité et union de paix faits entre le Roy, mon souverain seigneur d'une part, et le duc de Bretagne d'autre, ait été avisé que pour plus grande sûreté, et afin que ledit traité de paix soit mieux entretenu, observé et gardé, que aucuns seigneurs et autres de la part du Roy, et pareillement aucuns et autres de la part du duc de Bretagne, bailleront leurs lettres en la forme que nous et autres de la part du Roy les bailleront, nous, en suivant le bon plaisir du Roy et son exprès commandement, promettons audit duc de Bretagne par les foy et serment de nostre corps, sur nostre honneur et baptême que apportons dessus les fonts, que au cas que le Roy meuvroit guerre audit duc de Bretagne, que jamais ne l'accompagne ni ne le serve hors du royaume ni oncques le secourir en la duché et pays dudit duc, ne y faire entreprise ni pillerie aucune, ne en prendre harnois ni faire chose quelconque directement qui porte préjudice audit duc, ni à son pays hors du royaume tel qu'il est à présent, en renonçant à tous commandements et contraintes que le Roy nous pourroit sur ce faire.

En témoing de ce nous avons signé etc. Le XVIII aoust MCCCCLXXVI. Armand, avec son sceau. »

Armand X mourut sans postérité, et son frère, Guillaume Armand XI, hérita de la vicomté de Polignac et de la baronie de Chalançon. Charles VIII, atteint de la fureur des conquêtes et ne rêvant qu'à celle du royaume de Naples, sentait cependant qu'il ne pouvait entreprendre sans argent cette dangereuse expédition. Il avait réuni plusieurs fois les Etats de la province du Languedoc, afin d'en obtenir des subsides; mais leur zèle s'était trouvé tiède, et le monarque en avait témoigné son mécontentement. Il s'imagina qu'en les convoquant au Puy en Vélai, il arracherait, par l'influence des membres de la famille de Polignac, ce que l'on refusait à ses promesses et à ses pressantes sollicitations (1). Armand XI fut donc un des commissaires nommés par le Roi pour présider les Etats (1495); mais le Prince, dans l'ardeur impétueuse qui le portait vers le royaume de Naples,

____

(1) *Hist. gén. du Lang.* par D. Vaisselte, tom. V, p. 95.

ne réfléchit pas assez au choix des faveurs dont il se proposait de combler la province en échange de son argent; il blessa les seigneurs, en déclarant que tous ceux qui levaient des péages ou leudes, seraient tenus d'entretenir et de réparer les chemins, ponts et passages, jusqu'à concurrence des émolumens qu'ils en retiraient, conformément au droit écrit. La mesure était sage et provenait d'un excellent principe d'administration; elle devait plaire au peuple; mais elle lésait les intérêts des grands, et le vicomte de Polignac s'opposa directement à son exécution. Il rappela les expressions des anciens traités faits avec les évêques du Puy par la famille dont il portait le nom, prétendit que les leudes ou péages n'avaient été créés qu'à raison de la protection qu'elle accordait aux marchands et voyageurs, et déclara que la condition étant remplie, le produit de l'impôt lui appartenait pour en faire l'emploi qu'il jugerait convenable. L'assemblée, mécontente, n'accorda donc au Roi de France qu'un subside de peu de valeur.

Armand XI parut à tous les États qui furent

successivement convoqués, et il eut quelques démêlés pour la préséance avec d'autres personnes titrées. La guerre que Louis XII entretenait en Italie pour la possession du Milanais, et qui fut si préjudiciable à la France, demandait sans cesse, selon l'expression du maréchal Trivulce, de l'argent, de l'argent et de l'argent. En 1513, les Suisses avaient fait une irruption en Bourgogne, et les Anglais, devenus plus audacieux par les revers des Français, étaient entrés en Picardie et avaient remporté la victoire dans cette honteuse affaire si malheureusement connue sous le nom de *la Journée des Éperons*. Louis XII ordonna qu'une assemblée extraordinaire des Etats du Languedoc se réunît, au 20 août de la même année, dans la ville du Puy, et il voulut que le vicomte de Polignac y parût avec le titre de son principal commissaire. La lettre de nomination le qualifiait de haut et puissant seigneur. Les Etats, sous sa présidence, votèrent un subside extraordinaire de quarante mille livres. Cette somme formait le dixième de celle que l'on demandait à la totalité du royaume de France, en addition aux contributions annuelles. L'imposition générale à cette époque ne s'élevait pas à plus de trois millions trois cent mille livres.

Armand XI n'existait plus en 1518. Son fils aîné, François Armand XII, qu'il avait eu de Marguerite de Pompadour, fut sur-nommé le grand justicier, soit parce qu'il intenta de nombreux procès à diverses communes, soit parce qu'il combattit avec ardeur les religionnaires du Languedoc, soit parce qu'il voulut déshériter son fils qui s'était jeté dans leur parti. Ce vicomte de Polignac, baron de Randonet et de Gévaudan, se préva-lant de sa qualité de gentilhomme ordinaire de la chambre du Roi et de panetier de France, jugea convenable à ses intérêts privés de faire assigner, contre l'usage et les privilèges de la province, par devant les requêtes du palais à Paris, les habitans de Randon et ceux des communes de Genouillac, Châteauneuf, Bel-vezé, Saint-Sauveur-des-Bains. Il prétendait avoir le droit de les imposer et tailler à vo-lonté ; et, en effet, il les avait mis à contri-bution pour les cinq cas dans lesquels les sei-gneurs réclamaient la prérogative de lever des tailles sur leurs vassaux (1). Les communes se plaignirent aux Etats du Languedoc, réunis, en 1555, à Carcassonne ; et l'injustice parut si manifeste aux représentans des trois ordres, que le syndic de la province fut spécialement chargé de soutenir le procès que les habitans désiraient intenter au vicomte Armand XII, pour se soustraire aux vexations dont il les accablait. On consigna la plainte au cahier des doléances, et, en 1556, le roi Henri II déclara qu'il n'entendait pas que ses sujets du Languedoc fussent arrachés à leur juridiction naturelle, et fit défense aux vicomtes de Polignac de les traduire désormais devant les cours judiciaires de Paris.

Peu d'années après, les guerres de religion portèrent de grands désordres et de vives douleurs dans la maison de Polignac. En 1562, les religionnaires vinrent en masse assiéger la ville du Puy ; on se battit avec acharnement de part et d'autre, et il périt beaucoup de monde dans les diverses attaques ou sorties qui furent tentées. Le frère de l'évêque,

---

(1) *Archives des Etats du Languedoc.*

Senectère, vint au secours des assiégés qui forcèrent leurs adversaires à décamper. Ceux-ci prirent, en se retirant, la route du château de Polignac où les attendaient de nouveaux désastres, et Armand XII leur fit éprouver la puissance des canons qu'il avait rassemblés dans sa forteresse. Ce père infortuné gémissait de voir que, par sa propre faute, son fils aîné s'était jeté dans les rangs des rebelles. Il avait eu Claude Armand de sa première femme, Anne de Beaufort. Marié, en secondes noces, à Philiberte de Clermont Tallard, dont la couche féconde avait augmenté sa famille de plusieurs enfans, il s'était laissé entraîner au désir coupable de priver son fils aîné de sa succession, et; dans cette vue, il avait employé jusqu'à la force pour le porter à embrasser l'état ecclésiastique et déterminer une vocation qui n'existait pas. Claude Armand, dans son désespoir, était allé trouver Blacon, chevalier de Malte, l'un des lieutenans du cruel baron des Adrets; et, sous le nom de seigneur de Chalançon, à la tête d'une troupe de religionnaires, il avait commis des dévastations et des violences de toute nature dans les baronies de Randon, de Randonet et de Gévaudan, qui appartenaient à son père. Il s'était également emparé de sa ville de Genouillac, au diocèse d'Uzès, où ses gens avaient rasé le couvent des Jacobins, fondé par les anciens barons de Randon, et massacré les religieux. Blacon et lui, revenant ensuite dans le Vélai avec de nouveaux renforts, et profitant de la terreur qu'ils inspiraient, avaient pénétré dans l'abbaye de la Chaise-Dieu, que cependant reprit bientôt le baron de Saint-Hérem, lieutenant du roi en Auvergne. Le vicomte de Polignac, indigné, arma tous ses vassaux, mit d'abord la ville du Puy à l'abri des insultes de ses ennemis, et, marchant à leur rencontre, il les attaqua, les battit et les dispersa. Mais la rébellion et l'apostasie de son fils avaient fait une plaie mortelle à son cœur, et le chagrin ne tarda pas à terminer ses jours.

Par son testament, il déshéritait Claude Armand, et substituait la vicomté de Polignac à Louis Armand, son fils aîné du second lit. Mais Claude Armand ne se montra nullement disposé à se conformer aux volontés du testateur décédé ; il disputa la succession à son frère, et comme il commandait une petite armée, il s'empara, sans délai, de tous les châteaux, seigneuries et terres de la maison de Polignac, et il en jouit sous le nom d'Armand XIII, en attendant le résultat du procès qui lui était intenté. Il mourut sans enfans, en 1564, en appelant à l'héritage de ses titres et de sa fortune, son beau-père Claude-Just de Tournon, chevalier de l'ordre du Roi, et capitaine de cinquante hommes d'armes.

Cet acte de vengeance et d'animosité contre un frère qui n'avait, peut-être, en rien participé aux préventions et à l'injustice calculée d'Armand XII, ne fut point accueilli des États de Languedoc, où le déférèrent les représentans de Louis Armand, encore mineur. Ces représentans furent provisoirement admis en son nom à la tenue de Beaucaire, dans la même année ; et, nonosbtant les réclamations et les intrigues du seigneur de Tournon, des arrêts datés de 1571 et 1573, le maintinrent en possession de la vicomté.

Louis Armand XIV, vicomte de Polignac, baron de Chalançon, seigneur de Champfières, chevalier de l'ordre du Roi, combattit vigoureusement les protestans du Midi, et ne fut pas d'un médiocre secours à l'armée catholique. En 1580, il fit, avec ses propres troupes et des pièces de canon qui lui appartenaient, le siège de la ville de Saint-Agrève (1). Il avait épousé Françoise de Montmorin, fille de Gaspard de Saint-Hérem et de Louise d'Urfé.

Son fils aîné, Gaspard Armand XV, fit ériger en marquisat la terre de Chalançon. Il devint capitaine de cent hommes d'armes, chevalier de l'ordre du Roi, gouverneur du Puy et du Vivarais. Il parut comme membre de la noblesse aux États de Languedoc, successivement assemblés à Beziers, Carcassonne, Alby, Narbonne, Pézenas. A ces derniers États, tenus en 1610, il disputa la préséance au vicomte de Mirepoix, et la noblesse, embarrassée dans cette grande et sérieuse question, ne trouva d'autre moyen de la résoudre, que d'adjuger alternativement la préséance à chacune des parties. Henri IV

____

(1) *Relation du siège de Saint-Agrève.* Lyon, 1580.

venait d'être assassiné ; les États ordonnèrent un service solennel pour le repos de l'ame du feu Roi, et dans cette funèbre cérémonie, le vicomte de Polignac fut chargé de porter la représentation du sceptre royal sur un coussin de velours bleu. Le vicomte de Mirepoix portait également la couronne. En 1614, Armand XV se présenta comme député de la noblesse de la sénéchaussée du Vélai, aux États généraux, qui furent convoqués à Paris, à l'époque de la majorité de Louis XIII. Ces États présentèrent de volumineux cahiers ; on promit de les lire, et ils tombèrent dans l'oubli dès que les représentans des trois ordres se furent séparés.

Les guerres civiles se rallumèrent avec fureur dans la province de Languedoc. On leva de toutes parts des troupes pour combattre les religionnaires. Quelques-uns de leurs chefs les plus importans s'étaient réunis dans la petite ville de Vallon, où ils furent assiégés par le vicomte de Polignac que cent gentilshommes volontaires avaient suivi. Le duc de Montmorency vint prendre le commandement du siège. Les protestans capitulèrent, mais la ville

fut livrée à toutes les horreurs du pillage pendant un jour, après l'évacuation des troupes
ennemies. Telles étaient les mœurs de ce
temps.

En 1629, Armand XV fut encore envoyé
par les États, conjointement avec le comte de
Cardaillac de Lévi, le baron Nogaret de Cal-
visson, l'archevêque de Narbonne, les évêques
d'Alby, d'Uzès et de Montpellier, le conseil
de cette dernière ville, le capitoul de Toulouse
et d'autres personnes honorables, pour saluer
le roi, Louis XIII, qui formait alors le siège de
La Rochelle. Ils étaient spécialement chargés
de représenter au Monarque le cahier des doléances de la province, et de réclamer pour elle
les franchises et libertés dont elle avait joui
durant une longue suite de siècles ; mais leurs
efforts furent constamment infructueux.

Louis Armand XVI, vicomte de Polignac,
marquis de Chalançon, baron de Randon,
remplaça son vieux père dans les fonctions de
gouverneur du Puy et du Vivarais, et fut
comme lui honoré de la grande croix de l'ordre
du Roi. Sa mère, Claudine-Françoise, fille
de Louis-Just de Tournon, comte de Rous-

sillon, et de Magdelaine de la Rochefoucauld, descendait de ce même Tournon qui avait été appelé à la succession généralle des titres et des propriétés du vicomte Armand XIII de Polignac. En 1632, Louis XIII, mécontent de ses sujets des provinces du Midi, et conseillé par le cardinal de Richelieu, prit la résolution de présider en personne les États de Languedoc, qu'il convoqua dans la ville de Beziers. Ils se réunirent dans l'église des Augustins, disposée à cet effet, et la noblesse y parut représentée par le vicomte de Polignac, le marquis de Mirepoix, les barons de Lanta, de Couffoulens et de Campendu, et d'autres notables personnes ; l'assemblée fut brillante et somptueuse. Le Roi, dont la mort récente et tragique du duc de Montmorency n'avait pas encore calmé le ressentiment, s'exprima avec sévérité : « il avait, disait-il, grandement à se plaindre d'être forcé de venir pour la troisième fois dans cette province, afin de remédier aux troubles qui la désolaient depuis plus de soixante ans ; il consentait à oublier en général les fautes passées, mais il se réservait la punition des têtes les plus coupables. »

Cette rigoureuse déclaration jeta la consternation dans l'assemblée des États. Claude de Rebé, archevêque de Narbonne, demanda la grace de tous, et sollicita la clémence du Roi dans un discours empreint de dignité, de force et d'éloquence; mais Richelieu n'était pas facile à convaincre. Toute la raison, tout le talent de l'archevêque de Narbonne, échouèrent contre son inflexibilité; et Louis XIII, docile à l'impulsion qu'il recevait des volontés de son ministre, ne crut obéir qu'à la sienne en triplant les impôts du Languedoc, et prélevant encore trois ou quatre millions au-delà (1). On saura combien ces sommes étaient exorbitantes si l'on veut se rappeler que les revenus de l'État ne dépassaient pas seize millions à cette époque, quoique le gouvernement en dépensât plus de quarante : mais aussi toutes les parties du service public étaient en souffrance, et l'on ne songeait nullement à les améliorer. On créait des charges nouvelles que l'on vendait; on employait divers moyens extraordinaires pour se procurer

____

(1) *Hist. gén. du Lang.* par D. Vaissette, tom. V, pages 594 et suiv.

de l'argent ; les communes pressurées se ré-
voltaient ; la misère faisait naître le murmure,
et des exécutions militaires amenaient le désespoir. C'est ainsi que se préparaient de longue main les jours affligeans de la fronde.

Armand XVI se maria trois fois : en premières noces, il épousa Suzanne des Serpens
de Gondras, qui ne lui donna que des filles ;
en secondes noces, il offrit sa main à Isabelle
de la Baumé de Montrevel, dont les enfans
moururent en bas âge ; mais sa troisième
épouse, Jacqueline de Grimoard de Beauvoir
du Roure, le rendit père de deux fils, dont
l'un a joui d'une célébrité méritée. L'aîné,
Scipion Sidoine Apollinaire Gaspard, fut le
premier de sa famille qui prit le titre de marquis de Polignac ; il devint lieutenant-général
des armées du Roi, et gouverneur du Puy en
Vélai, et il mourut à Paris, en 1739, à l'âge
de 79 ans ; le second, Melchior de Polignac,
devint abbé de Bonport, Mouzon, Bégard,
Corbie et Anchin, l'un des quarante de l'académie française, ambassadeur extraordinaire
en Pologne et à Rome, ministre-plénipoten-
tiaire pour la paix d'Utrecht, auditeur de

Rote, cardinal-prêtre du titre de Sainte-Marie-des-Anges, grand-maître de l'ordre du Saint-Esprit de Montpellier, maître de la chapelle du Roi, archevêque d'Auch, primat d'Aquitaine, de Navarre et de la Novempopulanie, et commandeur des ordres du Roi.

La vie du cardinal de Polignac mérite d'être développée. Il eut de grandes qualités, qu'il ne dut ni à sa puissance, ni à sa fortune, ni à ses dignités; mais sans l'illustration de sa race, il est probable que la plupart des talens qui le distinguent eussent passé inaperçus de la cour qui les honora. Revêtu des plus hautes charges de l'Eglise et de l'État, il eut de sages admirateurs, des flatteurs sans nombre et de puissans et cruels détracteurs. L'élévation de son caractère, la noblesse de ses procédés, la dextérité de ses combinaisons, l'étendue de ses connaissances, la fécondité de ses ressources, concoururent à répandre un grand éclat sur les négociations importantes qui lui furent confiées; et les qualités de son cœur, ses mœurs douces et faciles, sa philosophie religieuse, donnèrent du relief à la savante poésie que l'on doit à ses loisirs. On peut dire

de lui que les graces de sa personne contri-
buaient aux victoires de son esprit. Nul homme
ne porta plus loin l'art difficile de la persua-
sion. La beauté de son visage et l'élégance de
ses gestes, la douceur et la plénitude de son
organe, la justesse des expressions qu'il employait et le tour charmant et particulier qu'il
imprimait aux formes de sa pensée, donnaient
à ses discours une force d'entraînement irré-
sistible. Il voulait plaire et il plaisait. On aimait sa personne, on admirait son talent. Environné de ce que la cour avait de plus re-
cherché, ou de ce que la littérature et la
science possédaient de plus célèbre, il bril-
lait au milieu de tous et faisait les délices de la
société. C'était la séduction vivante et animée.

On a dit également du cardinal de Polignac, que la bienfaisance était le plus doux
aliment de son ame et sa passion favorite ;
qu'il fut sensible, tendre, reconnaissant à
l'excès, et qu'il ne connut ni la jalousie, ni
l'esprit de vengeance. Les soins que demande
la haine eussent été pour son cœur un pesant
fardeau : il semblait fait tout naturellement
pour aimer et pour être aimé.

Pourquoi les personnes diverses qui ont parlé du cardinal ne se sont-elles pas servies des mêmes couleurs pour le peindre? Toutes attestent sa beauté, sa grace, son éloquence, ses manières attrayantes, l'art qu'il possédait si bien de ramener les matières les plus abstraites à la portée commune, son éminent savoir, sa douceur, sa complaisance, le soin qu'il prenait de plaire; mais quelques-unes ajoutent qu'entièrement occupé de son ambition, il n'avait de sentiment que pour lui-même; que son cœur était faux, son jugement nul, sans amitié, sans reconnaissance, sans choix sur les moyens de parvenir; qu'il était intrigant au dernier point, bas flatteur et sans retenue, même dans ses mœurs (1). Ce portrait odieux me semble trop exagéré pour être vrai; mais l'histoire est condamnée à tout recueillir.

Le cardinal de Polignac naquit le 11 octobre 1661, au château de la Ronte, près du

____

(1) *Vie du cardinal de Polignac*, par le P. Chrysost. Faucher. — *Eloge du cardinal de Polignac*, par Boze, de l'académie française. — *Mémoires de Saint-Simon*, tom. II, p. 270; édition de Hivert.

Puy en Vélai. Sa première éducation fut celle
de tous les enfans issus de familles puissantes,
lorsqu'ils déploient une intelligence peu commune et une raison prématurée. L'abbé de
Montebourg, un de ses oncles, surveilla ses
études au collège des jésuites, et contribua,
par ses sages conseils, à la rapidité de ses pro-
grès. Destiné, dès son âge le plus tendre, aux
dignités ecclésiastiques, le jeune abbé de Polignac parut avec éclat sur les bancs de la
sorbonne. Il s'était déja fait connaître en
philosophie, lorsque, dans une thèse publique,
il avait soutenu les principes de Descartes.
C'était une grande et dangereuse innovation;
jusqu'alors Aristote avait été seul en possession des honneurs de la thèse ; l'aspirant au
doctorat fit triompher son rival ; mais, afin
de satisfaire les vieux péripatéticiens, qui s'ef-
frayaient de cette nouveauté, il défendit,
dans une seconde thèse, le système du méta-
physicien de Stagyre, et charma également
ses auditeurs. Cette facilité précoce à faire
prévaloir alternativement deux théories opposées est un trait de caractère.

Les développemens que l'abbé de Polignac

sut donner plus tard à ses thèses de sorbonne, qu'il soutint avec grace, et sans ostentation, lui valurent l'estime et l'amitié des hommes les plus distingués. Le cardinal de Bouillon l'engagea à le suivre à Rome, et le choisit pour son conclaviste, lors de l'élection d'Alexandre VIII.

Une funeste division existait à cette époque entre le chef de l'Église et le roi de France. Le Vatican et Versailles s'étaient mutuellement bravés, et Innocent XI n'avait opposé à la fierté de Louis XIV que l'inflexibilité de son caractère. Le Pape, qui aimait les entreprises d'éclat, et qui ne haïssait pas la guerre, avait secouru de ses subsides l'Empire et la Pologne; et ses galères avaient marché avec celles des Vénitiens. Les formes persuasives de l'abbé de Polignac plurent tellement aux Italiens, que le cardinal de Bouillon jeta les yeux sur lui pour l'employer à la pacification des différends qui s'étaient élevés. Il le recommanda au duc de Chaulnes, ambassadeur extraordinaire du Roi, et le duc obtint facilement de Louis XIV, que l'abbé de Polignac eût part à l'élément de la négociation qui concernait les propositions du clergé de 1682.

Les conférences furent suivies avec tant de succès, que le Pape n'hésita pas à faire des avances pour se concilier la bienveillance du Roi, qui lui rendit le comtat d'Avignon. Le Saint-Père, qui goûtait extrêmement la tournure d'esprit du jeune négociateur, disait de lui : « Je ne sais comment cela se fait; cet abbé n'est qu'un séducteur : il paraît toujours de mon avis, et c'est cependant le sien qui prévaut. » L'abbé de Polignac revint en France, afin de rendre compte au Roi. Louis XIV lui accorda une longue audience, et, lorsqu'il l'eût congédié, le Monarque dit à ses courtisans : « Je viens de m'entretenir avec un homme, et un jeune homme, qui m'a toujours contredit sans que j'aie pu m'en fâcher un moment. » L'éloge donné par le Souverain était identiquement le même que celui qui était sorti de la bouche du Pontife.

Alexandre VIII laissa bientôt vacant le trône pontifical, et l'abbé de Polignac, de retour à Rome, chargé de nouvelles instructions, rentra au conclave avec le cardinal de Bouillon. Innocent XII fut élu. L'ambassade du duc de Chaulnes, désormais sans objet, revint en France.

Louis XIV recherchait les hommes capables de le servir. L'abbé de Polignac lui avait montré tant de netteté dans les aperçus, et tant de pénétration, qu'il prit la détermination de l'envoyer à Varsovie avec le titre d'ambassadeur extraordinaire.

Cette mission devait être hérissée d'épines et de difficultés. C'était encore le règne du grand Sobieski. Ce prince, vainqueur des Ottomans, devenu économe après avoir été prodigue, et portant enfin la parcimonie jusqu'à l'extrême avarice, était blâmé de ses peuples pour ce défaut, et ne rencontrait que froideur et indifférence dans une nation dont il avait voulu la gloire. D'une autre part, la Reine, connaissant l'influence de l'argent sur les élections, n'entendait pas que le trône échappât à sa famille, à défaut de suffrages. Elle engagea donc Sobieski à entrer dans les vues du roi de France, à l'époque des troubles de la Hongrie; et ces deux souverains prirent ensemble le soin d'encourager et de secourir Tékéli. En récompense, le Roi très

chrétien demanda, par l'organe de son ambassadeur à la Porte, la restitution à la Pologne de Kaminiek et de ses dépendances.
Mais toute la bonne volonté de Sobieski, en
faveur de son illustre allié, venait échouer
contre l'inertie et l'influence des autres membres de la république.

La France était alors en guerre avec toutes
les puissances maritimes, et l'abbé de Polignac
fut obligé de couvrir d'un déguisement et son
ambassade et sa personne. Il se fit passer pour
un courrier de cabinet, et, parti de Dunkerque
sous ce travestissement, il arriva ainsi à Co-
penhague. Il parvint, en peu de jours, à res-
serrer les liens qui unissaient les cours de
Danemark et de Pologne; puis il reprit la
mer et descendit à Dantzick le 25 juillet 1693.
Les marchands, intéressés dans les prises que
les armateurs français avaient faites sur eux,
vinrent porter leurs doléances à l'abbé de
Polignac, qui les blâma de se taire sur les déprédations que les Anglais et les Hollandais
exerçaient à leur détriment, et qui s'étonna
de ce qu'ils vinssent le solliciter, tandis qu'ils
abusaient de la protection dont les honorait

le roi de Pologne pour autoriser des fraudes
et prêter leur nom aux ennemis de la France.
Le noble envoyé fut accueilli à l'abbaye d'O-
liva au bruit du canon, et l'abbé le reçut à la
tête de sa communauté avec la croix, la ban-
nière et l'encensoir. Cet abbé plaisait au roi
de Pologne par un grand talent pour déchif-
frer les lettres ; mais souvent, lorsque sa
science ou sa sagacité se trouvaient en défaut,
il hasardait, il conjecturait et fabriquait toute
une dépêche qui, d'après ses connaissances
diplomatiques et ses vues , entraînait les
plus singulières conséquences. L'abbé de Polignac crut devoir ménager cet imposteur (1).

Après avoir couru des dangers de toute es-
pèce , l'ambassadeur arriva à Varsovie, où le
roi et la reine l'accueillirent avec grace ; mais
cela ne suffisait pas : il était nécessaire, pour
le succès de sa mission, de s'assurer de la
coopération de la plupart des grands de Pologne qui pouvaient la traverser, dans l'unique intention d'étaler leur puissance person-

____

(1) *Hist. du cardinal de Polignac*, par le P. Faucher, p. 33,
tom. I.

nelle, et de montrer que les raisons d'Etat
n'étaient pas pour eux des règles certaines.
L'abbé fit donc tous ses efforts pour se concilier leur attachement en même temps que
la confiance de la reine, qui possédait une
grande influence dans les conseils. Il l'avait
amenée à lui faire part des projets d'établissement qu'elle formait pour sa fille, et il profita
de ces momens d'intimité pour notifier à Sobieski les conditions auxquelles Louis XIV
offrait la paix à l'empereur, et que la cour de
Vienne rejetait avec hauteur. La reine de Pologne demandait, pour concourir aux vues
du monarque français, qu'il décorât son père,
le marquis d'Arquin, de la dignité de duc et
pair. Elle promettait, alors, de détacher Sobieski de l'alliance offensive et défensive qu'il
avait contractée contre la Porte ottomane
avec l'Empereur et la République Vénitienne;
mais Louis XIV exigeait qu'auparavant la Pologne conclût une paix particulière avec le
Grand Seigneur, et de petits intérêts d'orgueil
entravèrent une négociation importante en
elle-même.

Sur ces entrefaites, l'armée turque força

les troupes allemandes d'abandonner le siège
de Belgrade, et le ministre de France saisit
cette occasion pour faire entendre à Sobieski
combien peu la cour de Vienne se trouvait
désormais en état d'imposer des conditions
de paix au Grand Seigneur. Le roi de Pologne
parut très disposé à quitter son dangereux allié, et il prit des mesures pour faciliter à l'abbé
de Polignac une entrevue secrète avec l'ambassadeur tartare qui résidait à sa cour. Le
Musulman promit d'employer son influence
sur le Khan qui régnait alors, pour l'engager
à conduire la Porte, où il était fort estimé, à
un accommodement particulier. La France se
glorifiait alors et de la victoire de Nervinde
et de la prise de Charleroy, et elle prenait un
grand ascendant sur l'esprit général de la Pologne ; mais l'Empereur y conservait toujours
de nombreux partisans qu'il devait à ses lar-
gesses ; et de nouvelles dissentions s'élevèrent
à la cour de Sobieski.

Le prince Sapieha, grand général de Lithuanie, s'était acquis sur cette province une
puissance presque souveraine, en répartissant
les troupes qu'il commandait dans les terres

de la petite noblesse, dont les membres refusaient de lui obéir, et elles y vivaient à discrétion. L'évêque de Vilna crut qu'il remédie-
rait au désordre en excommuniant les soldats;
mais, à l'instant même, des régimens entiers furent dirigés sur ses domaines et y commirent
une foule d'injustices et de violences. Les mo-
nitoires et les censures ecclésiastiques donnèrent bientôt de grands embarras au Prince,
et il essaya de se concilier les bonnes graces
de la Reine par l'entremise du palatin de Bo-
reslanie; mais la Reine refusa de se compromettre dans ce désagréable démêlé. L'ambassadeur de France lui avait fait sentir que les
déprédations des gens de guerre démontre-
raient au peuple la nécessité d'une paix qui
dissoudrait les corps armés, et que plus la position des princes de Sapieha serait difficile et
fausse, plus elle lui fournirait les moyens de
les détacher de la maison d'Autriche, à la prochaine réunion de la diète. Telle était la politique de cette époque, où l'on tolérait des désordres capables d'en enfanter de plus odieux,
afin de pourvoir à des intérêts éventuels et
sans grandeur réelle.

La situation de l'abbé de Polignac était extrêmement critique et demandait toute sa dextérité. Les Turcs avaient changé tant de choses au traité de paix particulière, négocié entre
la Pologne et la Porte, que l'ambassadeur
français ne savait comment le ramener à ses
premiers principes. La garantie offerte par la
France ne rassurait pas les Polonais, qui, ces-
sant d'être soutenus par une ligue défensive,
se croyaient à la veille d'être opprimés; ils
voulurent une trève au lieu d'un traité, et ils
l'obtinrent. Ce service important avait conci-
lié l'estime et l'affection de leurs majestés po-
lonaises à l'abbé de Polignac. Les secrets de
l'État lui étaient confiés, et comme le vieux
Sobieski, pour ménager sa santé, renvoyait
les affaires à la Reine, la Reine les concertait
toutes avec le ministre de France. Cette Princesse était parvenue à son dixième lustre;
mais elle avait conservé de la grace et même
de la beauté. L'abbé de Polignac, doué de
tout l'éclat de la jeunesse et de la figure, favorisé des avantages de la fortune et de la
naissance, ne fut pas à l'abri des plaisanteries
amères où l'exposa cette intimité. La mali-

gnité des courtisans poussa les conjectures à
l'extrême et les donna pour des certitudes.
Le prince Sapieha, irrité contre la Reine, qui
lui avait refusé sa médiation dans ses querelles
avec l'évêque de Vilna, et contre l'ambassadeur
qui en avait donné le conseil, publia un li-
belle sous le nom de manifeste, où il déclara
que dans le cabinet de la Reine, devenu le
tombeau des lois et de la liberté, on travail-
lait sans cesse à l'oppression des nobles Polonais, et qu'il était temps que les vrais patriotes
veillassent au salut de la république, compro-
mis par les fureurs d'une Messaline et par les
prétentions de l'ambassadeur d'un despote,
qui avait apporté en Pologne la ruse de Ma-
zarin et la dureté de Richelieu.

Sobieski n'était plus que l'ombre de lui-
même. Cet homme, si intrépide dans les combats, à la tête des armées, redoutait singulièrement la mort qui s'approchait, à raison de
son âge et de ses infirmités. Une misérable
tracasserie de cour et d'espionnage produisit
une étrange impression sur son esprit. Un
certain Romanini, qui lui écrivait des nouvelles de Vienne, lui manda un jour que le

prince Louis de Bade avait remis à l'Empereur une lettre par laquelle un ministre de
Louis XIV (1) lui promettait l'assistance du
Roi, son maître, pour le porter au trône de
Pologne, s'il amenait l'Empereur à consentir
à la paix générale de la chrétienté. Le roi de
Pologne, extrêmement troublé, envoya la
missive de Romanini à l'abbé de Polignac,
qui accourut au palais et trouva le Prince plus
abattu qu'il ne l'eût été par une grande mala-
die. « Qu'ai-je fait à la France, lui cria Sobieski,
pour qu'elle souhaite ainsi ma mort, pour
qu'elle offre ma couronne à mes ennemis, au
préjudice de mes enfans ? — Et que vous a
fait la France, reprit l'ambassadeur, pour
que vous ajoutiez foi à une si grossière im-
posture ?—Mais M. de Chamilly ?....—M. de
Chamilly, fin et expérimenté comme il l'est,
eût-il traité par écrit des matières aussi importantes avec un ennemi, sans s'assurer du
secret ? La fausseté de la lettre qu'on lui at-
tribue est manifeste : on la reconnaît au style.
Le ministère français en est si peu coupable,

____

(1) Chamilly.

que je vous supplie, au nom du Roi, mon
maître, d'en faire demander l'original à l'Empereur lui-même. » La Reine intervint alors
pour calmer et rassurer son époux. On ordonna néanmoins à Romanini de produire les
preuves de ce qu'il avait avancé ; mais il n'en
put donner, et prétendit seulement qu'il tenait
cette nouvelle d'un ministre de l'Empereur.
Peu de temps après, Sobieski courut le péril
d'être empoisonné. Un personnage qui tenait
un rang distingué dans l'Etat, s'était rendu à
Vienne dans le dessein de consulter un médecin sur la santé de sa majesté polonaise,
et de lui demander un remède à ses maux.
Le remède arriva par un exprès, et, par un
bonheur bien rare, l'abbé de Polignac, présent à l'ouverture de la boîte qui le renfermait, supplia le roi de ne s'en pas servir avant
de l'avoir fait analyser. On se résolut à en faire
l'essai dans les hôpitaux, au lieu de le soumettre à l'examen des pharmaciens, et une
malheureuse femme à qui l'on administra ces
pillules, mourut dans des convulsions affreuses. Ce fut après avoir commis ce crime que
l'on songea qu'il eût été mieux de les décom-

poser d'abord. Le chimiste à qui l'on s'adresa, déclara qu'elles étaient formées d'opium et de sublimé corrosif. Le médecin allemand avait écrit à Sobieski, en lui adressant son remède à tous maux, la lettre la plus adulatrice, et il s'était complu à lui en détailler la composition, d'essence de perles, de poudre d'or, d'extrait de diamans et de chair de vipère! Cette lettre seule eut suffi, dans un siècle plus avancé en sciences physiques, pour dévoiler le charlatanisme du médecin, et exciter les soupçons; mais on allait le croire sur parole, si le hasard n'eût rendu le ministre de France témoin de la réception du paquet. On ne put douter de la main qui avait lancé le coup, et cependant les auteurs de l'attentat demeurèrent impunis. Ce service important rendit la personne de l'abbé de Polignac si agréable à Sobieski, que le prince exigea désormais que cet ambassadeur l'accompagnât à ses maisons de plaisance, dans ses domaines, aux eaux même où il allait chercher une santé que rien au monde ne pouvait lui rendre. C'était le seul homme capable de tromper les ennuis et les douleurs du souverain, par le charme de sa

conversation; mais les jours du grand Sobieski étaient comptés; il luttait en vain contre
la mort, et elle vint le frapper avant que le sort
de sa famille fût assuré. Il emporta dans la
tombe la haine injuste d'une nation dont il
avait été l'honneur et l'appui, et l'ingratitude
de cette puissance autrichienne que, par de
brillans exploits, sous les murs de Vienne, il
avait arrachée à une perte certaine.

Louis XIV, instruit par son ambassadeur
de la mort du roi de Pologne, lui écrivit que
s'il trouvait quelque facilité à faire monter sur
le trône vacant un prince du sang des Bourbons, il n'en perdît pas l'occasion; et il l'autorisa
à s'engager pour cent mille livres de pensions
envers les personnes qui favoriseraient l'élection d'un prince français.

L'abbé de Polignac chercha donc à se concilier l'amitié des chefs de parti, et s'attacha
sérieusement à connaître les brigues et les
forces de chaque prétendant.

Le prince Jacques, fils aîné de Sobieski,
personnage de peu de capacité et d'une extrême légèreté, n'en avait pas moins de grandes

prétentions au trône électif. Il se retira au
château de Varsovie, où son père avait déposé
les trésors qu'il n'avait pu faire passer en
France et qui appartenaient en partie à la
reine; et quand cette princesse voulut à son
tour entrer au château, son fils peu respec-
tueux lui fit dire qu'il ne la recevrait pas et
qu'il était bien armé. Le projet du prince était
de s'emparer des trésors de son père, et il
était soutenu par des sénateurs qui comptaient
bien en faire avec lui le partage. Mais l'abbé
de Polignac, méprisant les poignards dont on
ne craignit pas de le menacer, parvint à vaincre la timidité de la reine, et à lui inspirer des
résolutions courageuses qui amenèrent à ses
pieds le prince Jacques, partisan déclaré de
la cour de Vienne.

Le but de l'ambassadeur de France, était
de favoriser l'élection du prince Alexandre,
second fils de Sobieski, ou de Constantin, son
troisième fils, à qui Louis XIV destinait la
main de mademoiselle de Condé; et dans le
cas où ces deux princes n'auraient à la diète
que des chances incertaines, il devait repor-

ter ses efforts sur le prince de Condé, ou sur le duc de Bourbon, son fils, ou, à leur défaut enfin, sur le prince de Conti.

Mais il s'agissait, au préalable, d'écarter la concurrence du prince Jacques, et il était important de rendre publics ses torts envers la Reine, et de lui ravir ainsi la popularité dont il pouvait jouir encore. Les plaintes de la veuve furent donc portées devant le primat qui se rendit à Varsovie, accompagné des princes polonais et des principaux sénateurs; et ce prélat, pour marquer la propriété de l'argent que le Roi avait laissé, fit mettre sur les coffres qui le contenaient, les sceaux de la Reine et des trois princes. Jacques, sentit alors combien la protection de la France lui serait nécessaire. Il pria l'ambassadeur d'oublier le passé, déclara qu'il n'avait agi que dans la crainte que la princesse sa mère ne voulut emporter les trésors de sa famille hors du royaume, ou se remarier et s'en servir pour élever au trône son nouvel époux. Il était prêt à prendre l'engagement de servir le roi de France de tout son pouvoir, et à faire à la Reine toutes les soumissions imagi-

nables, pourvu qu'on lui témoignât de la confiance.

L'adroit abbé de Polignac ne sortit pas du
caractère de la diplomatie. Il reçut les avances
du prince Jacques sans faire aucun fond sur
ses promesses, et le flatta même si bien, que
le Prince, dont la perspicacité n'était pas assez forte pour pénétrer dans le cœur de ses
courtisans et démêler leur fausseté, se crut
assuré du trône, et permit aux plus intimes de
lui en faire leurs complimens. Dans ce moment même, la république polonaise, menacée
par les Tartares qui désolaient la Volhinie,
manquait de troupes pour réprimer leurs in-
cursions, et elle craignait d'autant plus le retour de ces barbares sur son territoire, que
leurs pas laissaient toujours après eux de longues traces de sang. L'ambassadeur saisit cette
occasion pour offrir une ancre de salut aux
Polonais : il proposa de conjurer l'orage au
moyen d'un présent de cent mille florins que
l'on ferait au Sultan. Mais la négociation que
l'on entama fut sans succès, et les troupes
tartares insultèrent les environs de Varsovie.
On soupçonna dès lors l'ambassadeur de

France d'être d'intelligence avec l'ennemi, en lui prêtant le dessein de mettre la famille royale hors d'état de soutenir ses intérêts à la prochaine élection, et afin de faire prévaloir son propre candidat. Il n'eut d'autre moyen de relever son crédit, que d'insinuer la nécessité d'un coup d'Etat vigoureux; et bientôt le maréchal de la confédération qui, après avoir traité avec les Tartares, prétendait justifier sa conduite les armes à la main, fut déclaré ennemi de la république, lui, ses soldats et ses adhérens.

Dans cet état de crise générale, la reine n'avait su conserver aucune popularité, et il suffisait qu'elle s'intéressât à l'élection d'un candidat pour que ce motif lui valût l'exclusion dans l'opinion générale. On repoussait donc le prince Alexandre, parce qu'il était l'objet particulier de ses affections maternelles; et le prince Constantin, parce qu'il semblait soumis à ses volontés. On rejeta même le prince Jacques, sous le prétexte qu'il avait fait quelques efforts pour se réconcilier avec elle. L'abbé de Polignac, toujours prudent, jugea nécessaire de sacrifier ses sentimens personnels aux grands devoirs de sa place, qui, par malheur, lui imposaient en ce moment l'obligation de passer pour ingrat. Il refusa donc de loger au château de Varsovie, tant que la reine l'habiterait, et de l'accompagner dans un voyage en Russie qu'elle lui proposa. Il affecta même de blâmer sa conduite comme inconsidérée, sans modération, sans obligeance. Il disait publiquement, que le roi de France ne voulait user d'aucune influence sur l'élection, pourvu qu'on choisît un prince qui aimât la gloire et la liberté de son pays, et qui fût indépendant de la cour de Vienne; et, en particulier, il conseillait à la reine et à son fils aîné de maintenir, au moins entre eux, l'apparence d'une parfaite union, dans l'intention secrète de faire retomber sur le prince une partie de l'indignation et du mépris dont on accablait sa mère (1). Telle était la duplicité que lui commandait sa position.

Elle était difficile à la vérité. Si la franchise

____

(1) *Hist. du card. de Polignac*, par le P. Faucher, tom. I, p. 181.

et la bonne foi sont des mots vides de sens dans le langage de la diplomatie, si la politesse dont elle use n'est qu'un vernis qui recouvre une honteuse perfidie, il faut dire aussi que les vertus généreuses semblaient étrangères aux intérêts dans lesquels était entré l'abbé de Polignac, et qu'il avait à se défendre des cabales, des divisions, des fourberies, des fureurs, des vaines protestations, des intrigues souterraines, des désordres dont il était le témoin. Il s'agissait de faire un roi, et toutes les ambitions étaient en présence.

Les démarches de l'ambassadeur de France furent calculées avec tant de justesse, qu'il parvint à dérober à tous les regards le but vers lequel il tendait. Il recevait les confidences du prince Jacques; il pressentait les intentions des personnages les plus influens; il découvrait leurs desseins; il apprenait quel était le nombre et la qualité de leurs partisans; il pénétrait par ses agens dans leurs conseils, et retenait les évêques et les sénateurs catholiques par la crainte, ou se les attachait par des promesses. Aussi vigilant que réservé, il avait l'art de se multiplier pour

agir partout avec avantage, et ses pensées étaient
constamment fixées sur cette importante affaire. L'ancien démêlé de l'évêque de Vilna et
du grand général de Lithuanie, n'avait pu se
terminer favorablement, et une rupture écla-
tante avait eu lieu. L'abbé de Polignac conseilla au fils du général de se rendre près des
ennemis de son père et de tenter un accommodement, auquel il promit de donner les
mains, en payant une partie des dommages ;
mais à condition que les deux partis se réuni-
raient en faveur du candidat proposé par la
France. Cette insinuation réussit. Les adversaires avaient eu, de part et d'autre, leurs propriétés ravagées ; ils étaient las des hostilités ;
la colère se calma, la fierté se tut et la réconciliation fut pleine et entière. Ce fut un coup
fatal pour le parti de la Reine ; et la popularité du ministre s'accrut encore, peu de temps
après, lorsque les Tartares menacèrent de
nouveau la Pologne d'une sanglante irruption.
L'abbé de Polignac parvint à les écarter par
l'efficace entremise de l'ambassadeur de France
à Constantinople (1), et ce service fit conce-

______

(1) M. de Châteauneuf.

voir aux Polonais la plus haute opinion de
sa capacité. La veuve de Sobieski avait conçu,
sans doute, des projets particuliers à la mort
de son époux ; mais elle ne les avait pas fait
connaître, et son silence à cet égard avait mo-
tivé le refus du ministre de France de se conformer à ses volontés. Cette Princesse, qui
détestait l'aîné de ses fils, sentit qu'il fallait
renoncer à ses vues secrètes, et, jugeant que si
le prince Jacques montait au trône par ses
soins, elle pourrait encore régner sous son
nom, elle se décida à déclarer qu'elle se pro-
nonçait en sa faveur. L'ambition lui conseilla
donc ce qu'aurait dû lui inspirer la nature ;
mais lorsqu'elle s'en expliqua devant l'abbé
de Polignac, et qu'elle essaya de le séduire,
elle ne put effacer les traits odieux dont elle
s'était toujours servie pour lui peindre le caractère de son fils, et l'ambassadeur s'excusa
d'être forcé de lui déplaire en alléguant les
ordres de son maître. Un généreux expédient
se présentait encore à cette Reine, qui descendait à regret du trône, et pouvait lui obtenir de nombreux partisans ; il ne s'agissait
que d'offrir à la république polonaise, dont

les besoins étaient pressans, le partage des trésors qu'avait amassés le feu Roi. Les armées,
le sénat, la noblesse, la nation entière se seraient intéressés à sa cause. On eût choisi
même le fils qu'elle aimait le mieux, et cette
patriotique munificence en eût fait une hé-
roïne ; mais, attachée à ses richesses plus que
le feu Roi lui-même, elle ne reçut qu'avec embarras les ouvertures que lui firent ses plus
sages amis, et leur témoigna un vif mécontten-
tement de ce qu'elle nommait leur proposition
intéressée. L'abbé de Polignac, qui ne cherchait qu'à lui enlever toutes les ressources
qu'elle pouvait rencontrer encore dans l'opinion publique, attachée à la mémoire de Sobieski, profita de sa colère pour l'entraîner
dans une fausse démarche, et lui représenta
que des sommes aussi fortes ne seraient jamais
en sûreté à Varsovie, où d'ailleurs elles ne
donnaient aucun profit, et lui proposa de les
placer en France. La Reine se laissa éblouir ;
elle fit partir pour Paris ses deux jeunes fils,
afin que leur présence ne pût nuire à l'élection du prince Jacques, et ses agens placè-
rent ses fonds sur l'Hôtel-de-Ville de cette ca-

pitale. Elle ruina ainsi toutes les espérances
des princes, et porta un coup mortel à celles
de son fils aîné.

L'abbé de Polignac étant ainsi parvenu à
écarter les concurrens les plus redoutables
pour la France, se hâta d'informer Louis XIV
que, si l'on proposait ouvertement le prince
de Conti à la nation polonaise, il avait la certitude de lui former une faction puissante. Ce
conseil, qui flattait le monarque, fut goûté
du cabinet de Versailles, et l'ambassadeur ne
tarda pas à recevoir les ordres qu'il avait sol-
licités. Dès qu'ils lui furent parvenus, il déclara hautement qu'il proposerait un candidat ;
et pour empêcher quelques seigneurs ambitieux de prétendre à la couronne, dont son
adresse venait d'écarter les fils de Sobieski ,
il eut soin de rappeler avec finesse, dans toutes
ses conversations, quelles étaient les qualités
nécessaires à un roi de Pologne, et dont man-
quaient les personnes qui aspiraient à cette
haute dignité. « On se soumettrait difficile-
« ment, disait-il, à quelque grand Polonais,
« que tous ses rivaux croiraient au moins
« égaler en naissance et en mérite. On ne pou-

« vait chercher un souverain en Danemark, en
« Angleterre, en Suède, contrées infectées
« d'erreurs et d'hérésies. Les impressions
« qu'avaient laissées les princes allemands
« étaient trop profondes pour qu'on les ou-
« bliât aisément. Les Polonais avaient besoin
« d'un chef guerrier ; était-ce donc dans la
« paisible Italie qu'on le rencontrerait ? Le
« roi d'Espagne, Charles II, dépérissait sans
« postérité, et sa couronne elle-même allait
« être disputée par des étrangers. A la France
« seule appartenait donc le droit de donner
« un prince à la Pologne. » L'abbé de Polignac amenait ainsi tout le monde à le désigner;
mais il ne le nommait pas lui-même.

La diète, et en même temps les divisions
ouvertes, commencèrent. On força la Reine
à se retirer en Prusse, dans la crainte qu'elle
n'influençât les élections, et cependant on tolérait la présence du ministre de Louis XIV,
qui faisait jouer les grands ressorts de la politique, et qui usait de toutes les ressources
de l'intrigue la plus déliée. Toutefois, il existait des lois qui prescrivaient, dans ces circonstances, l'éloignement des ambassadeurs,

et il n'en était aucune qui s'appliquât directement aux Reines douairières.

Tranquille et indifférent aux yeux de tous, au milieu des contestations les plus vives, l'abbé de Polignac n'en était pas moins actif en secret, et il employait toute son éloquence afin de déterminer Louis XIV à lui envoyer l'argent dont il avait un urgent besoin pour solder ses partisans. D'une autre part, le prince de Conti, dont les espérances croissaient chaque jour, aliénait ses domaines, et cherchait à se procurer les fonds indispensables aux engagemens que contractait l'ambassadeur pour le succès de son élection. Les conjonctures étaient pressantes. Le primat, le grand maréchal Lubomirski, une foule de seigneurs avaient livré leurs votes à l'abbé de Polignac, mais il n'avait encore que des promesses à faire et des conseils à donner; il ne recevait rien de France, et, dans sa détresse, il n'avait pas assez de son extrême dextérité pour engager à la patience des hommes corrompus, qui ne devaient tenir à leur parole qu'autant qu'ils toucheraient d'avance une partie de ce qu'on leur promettait. Dans cette position équivoque, l'ambassadeur crut devoir se présenter à la diète et manifester son candidat. Le discours qu'il prononça, s'il n'est pas un chef-d'œuvre de style, en est au moins un de finesse diplomatique. Il fit l'éloge de la république, l'éloge de Sobieski, l'éloge de Louis XIV, l'éloge des grands seigneurs polonais; il alla jusqu'à remarquer, dans ses louanges, les rapports de mœurs, d'humeur et de visage qui existaient entre eux et les Français; il offrit, pour la défense de l'État, toutes les forces de son maître, troupes, argent, secours divers, sans rien spécifier; cependant, il s'honora de paraître devant la seule nation de l'Europe qui se fût conservé la liberté de couronner la vertu, et conclut en disant que la France et la Pologne, ne formant qu'une nation identique de tout point, devaient s'unir encore par la plus étroite et la plus glorieuse des alliances. La diète ayant alors témoigné le désir de savoir quel candidat il avait à proposer, l'abbé de Polignac nomma le prince de Conti, parla de ses talens supérieurs, de la sagesse de ses conseils, de l'étendue de ses vues, de l'éminence de ses lumières et de l'éclat de son courage, qui lui avait valu l'admiration des plus grands capitaines du siècle. Une nation guerrière, libre, zélée pour sa croyance, une nation qui se donnait elle-même ses Rois, ne pouvait hésiter à choisir un prince belliqueux, sage, modéré, religieux, habile dans l'art de connaître les hommes et de ménager leurs intérêts, et qui réunissait toutes les qualités qui concilient l'amour et le respect des peuples.

Les partisans de l'Empereur s'alarmèrent et firent valoir, contre le prince de Conti, les craintes qui jusqu'alors avaient conspiré contre le protégé de leur cour, dont la politique rêvait, dit-on, la monarchie universelle. Les mêmes argumens furent appliqués au cabinet de Versailles; mais l'habile ambassadeur fit ressortir avec véhémence la frivolité de l'accusation, et démontra que le cabinet de Vienne, qui ne se rebutait jamais, au sein même des revers et des humiliations, était le seul dont l'ambition fût à redouter, puisque sa domination s'étendait non-seulement sur l'empire d'Allemagne, mais encore sur les royaumes de Bohême et de Hongrie, sur la monarchie Espagnole, sur les royaumes de Naples, de Sicile et de Sardaigne, et même sur le Portugal qu'elle avait momentanément envahi.

Les mercenaires amis du ministre de France, inquiets de ne recevoir *aucunes sûretés* de sa part, étaient au moment de se prononcer en faveur du fils aîné de Sobieski, nonobstant les défauts qu'on lui reprochait, lorsque l'abbé de Polignac parvint à obtenir du grand trésorier de la couronne, un prêt de quinze mille écus, sous promesse de le rembourser avant six semaines; mais déja les obstacles s'accroissaient: un Lithuanien demanda l'expulsion de l'ambassadeur de France, puisqu'on avait exigé celle de la Reine, et ne fit aucune mention des envoyés de Vienne, de Venise et de Berlin. L'abbé de Polignac répondit qu'il était prêt à partir pour la campagne, à condition que tout le corps diplomatique étranger sortirait de la ville en même temps que lui. On n'insista pas sur ce point; mais on se hâta de rappeler que deux Reines intrigantes, la princesse Louise de Gonzague, successivement épouse de Vladislas et de Casimir, et la veuve

de Sobieski, avaient marqué par leur empire
réel, le faible gouvernement de leurs maris ;
que toutes deux étaient Françaises, et qu'il était
à craindre que la princesse de Conti ne voulût,
à son tour, soutenir la hauteur de son rang
et de sa naissance par la hauteur de son caractère. Cette insinuation fut peut-être, de toutes
les difficultés, celle qui tendit le plus à rendre
douteux le succès de l'entreprise. L'ambassadeur redoublait de caresses et de dextérité. Il
comblait de politesses et de présens en bijoux,
toutes les personnes qui le visitaient, et aucune n'était à l'abri de ce dernier genre de séduction ; mais les fonds français n'arrivaient
pas, et la corruption s'étonnait elle-même de
céder à des promesses sans résultat réel. La
Reine et le prince Jacques, cachés dans les
faubourgs de Varsovie, remuaient les puissances du clergé, comme les hautes notabili-
tés guerrières et territoriales, pour obtenir
que l'époque de l'élection fût rapprochée.
C'eût été détruire toutes les espérances du
prince de Conti ; mais le ministre français parvint à éloigner ce danger. On prétend qu'à la
même époque, l'évêque de Kujavie, Stanislas

Domiki, vint lui proposer d'unir sa faction à la sienne, s'il consentait à lui céder sa nomination future au cardinalat(1). L'abbé de Polignac n'avait garde de sacrifier un avenir incertain, pour obtenir un avantage plus précaire encore. Louis XIV se serait nécessairement offensé de l'incroyable présomption d'un ministre qui se fut permis de lui dire : « J'ai « promis le chapeau de cardinal auquel j'avais « des droits, à tel évêque, qui pour ce prix, « m'a vendu des voix à la diète de Pologne. » Le prélat fut donc congédié, et il alla se joindre aux partisans du prince Jacques.

L'ambassadeur enfin reçut, par la voie de Dantzig, des lettres de change pour la somme de cinq cent soixante mille livres, et le poids de cet argent fit pencher sérieusement la balance en faveur du prince de Conti. Les paroles données devinrent des contrats obligatoires. Le primat même apposa sa signature au traité qui engageait les premières têtes de l'Etat, et l'or et l'intrigue firent encore une fois la destinée de la Pologne.

____

(1) *Mémoires chron. hist. et politiques* d'Amelot de La Houssaye.

Les fureurs de la Reine ne peuvent se décrire. Son irritation se portait surtout contre l'abbé de Polignac, qui ne s'était laissé éblouir ni par la fortune qu'elle avait fait briller à ses yeux, ni par les bontés personnelles dont elle l'avait comblé, et qui se rendait l'instrument de la chute de sa maison. Ce fut alors qu'elle apprécia la faute qu'elle avait faite en plaçant ses millions en France, et elle éclata en reproches publics. L'ambassadeur lui écrivit pour se justifier; mais comment apaiser une reine outragée qui avait encore à lui reprocher son ingratitude? Elle redemanda le portrait qu'elle lui avait donné; et, comme il s'excusait de le rendre, à raison de la haute estime et du profond respect qu'elle lui inspirait, elle se présenta chez lui, en son absence, accompagnée de ses gardes, pénétra dans sa chambre et enleva le tableau de vive force(1). L'ambassadeur, offensé, garda le silence; mais cette action violente servit beaucoup mieux le parti de la France que toutes les pro-

____

(1) *Hist. du card. de Polignac*, par le P. Faucher, tom. I, p. 276.

testations de l'abbé de Polignac pour nier une
intelligence secrète entre la reine et lui, en
faveur des jeunes fils de Sobieski. La princesse écrivit à Louis XIV, qui la renvoya
poliment à son ministre ; et, dans sa colère,
elle ne rêva plus que d'assassinat. Le cardinal
primat et le grand-maréchal de la couronne,
instruits des attentats que méditait le prince
Jacques, à l'instigation de sa mère, parlèrent
avec toute l'autorité qu'ils pouvaient faire valoir, et proposèrent des gardes à l'ambassadeur, qui les refusa.

Mais tandis que l'abbé de Polignac se flattait d'une heureuse réussite, et qu'il était entouré d'estime et de considération à Varsovie,
le déchaînement universel des envieux menaçait, à Versailles, son existence politique. Il
était, disait-on à la cour, incapable de conduire à sa fin une affaire de cette importance ;
il employait à ses plaisirs l'argent destiné à
conquérir des partisans ; l'esprit de vengeance
était le seul qu'il possédât ; on exagérait ses
promesses et ses libéralités, et l'on prétendait
qu'il s'était laissé éblouir par les ennemis de
la maison royale. Comme il ne répondait à

l'invective que par la modération, et à la jalousie que par la patience, le ministère français prit la résolution d'envoyer en Pologne
une personne de confiance, dans la vue de
vérifier les accusations ou de justifier la conduite de l'ambassadeur. L'abbé de Polignac
l'avait demandé lui-même au Roi; et bientôt
l'abbé de Châteauneuf, homme d'un véritable
mérite, parut à Varsovie avec le titre d'envoyé extraordinaire. Les deux ministres se
convinrent; ils firent de communs efforts
pour atteindre le but qui leur était désigné,
et les adversaires de la France, qui avaient
compté la discorde parmi leurs alliés, ne parvinrent pas à les désunir.

Cependant les principaux partisans du
prince de Conti craignaient, avec raison, qu'un
compétiteur ne profitât d'un nombre quelconque de voix pour établir une sorte de
scission en l'absence du neveu de Louis XIV,
se mettre à la tête d'une troupe de confédé-
rés, s'emparer du château de Kracovie, et s'y
faire rapidement couronner. Il ne resterait
alors à la noblesse, qui redoutait la guerre ci-
vile, qu'à se soumettre à l'usurpateur. Il était

donc d'une haute importance que le prince
de Conti se déterminât à venir en Pologne
avant l'élection, afin qu'aussitôt qu'il serait
élu, il se fît reconnaître de l'armée, et s'assurât,
sans délai, de Kracovie. Ce parti valait mieux
que d'attendre en France une ambassade solennelle, et de risquer, par des lenteurs, la
perte de sa couronne. L'abbé de Polignac
balança les inconvéniens et les avantages de
cette proposition. Il jugeait difficile que le
prince sortît de France en secret, qu'il pût
arriver en Pologne sans être reconnu, et se
tenir caché pendant quelques jours. Il était
certain d'ailleurs que le Roi ne voudrait pas
exposer au hasard d'une élection dépendant
d'une multitude capricieuse, le sort d'un prince
de son sang et d'un aussi grand mérite. Il avait
raison. Louis XIV, avant de consentir au
voyage du prince de Conti, demanda quelles
sûretés il trouverait en Pologne, quels ports
lui seraient ouverts, quels grands de l'Etat
avaient juré d'obéir à ses ordres. Il profita
même de ce besoin de s'instruire pour retar-
der l'envoi des trois millions promis aux partisans des Français, et rendit plus critique en-

core la position de ses deux ministres, qui ne pouvaient convaincre les Polonais qu'on ne se jouait pas d'eux par des promesses qu'ils verraient s'évanouir après l'élection. Ces retards impolitiques donnèrent au prince de Bade la facilité de se mettre sur les rangs, et d'appuyer sa concurrence de moyens plus puissans que ceux du ministre de Versailles; tous les partisans de l'Allemagne, de la Hollande et de la Belgique se liguèrent en sa faveur.

Le camp électoral ouvrit ses séances les armes à la main, suivant l'usage de la noblesse polonaise, et le sang coula dès le second jour; mais tandis que l'on s'occupait de l'élection du maréchal de la diète, un nouvel aspirant à la couronne se présenta : c'était l'électeur de Saxe. Il était luthérien; mais il ne faisait aucune difficulté d'embrasser la croyance catholique, et il demandait à l'ambassadeur de France de reporter sur lui les voix dont cet envoyé disposait, dans le cas où le prince de Conti ne pourrait réussir; il offrait, dans ce cas, s'il parvenait au trône, d'opérer en Silésie une diversion favorable aux projets de

Louis XIV. L'abbé de Polignac ne possédait
aucune instruction de sa cour à l'égard de
l'électeur ; il n'apprit qu'il s'était déja ouvert
de ses projets au cardinal de Janson, ambassadeur à Rome, au ministre français en Danemark, et aux plénipotentiaires réunis à Ris-
wick, que par l'envoyé même de ce prince.
Il repoussa donc ses propositions, et cette
fois sa perspicacité fut en défaut. La faute
était grave, elle devint bientôt irréparable.

Le comte Bielinski, grand-chambellan de
la couronne, fut nommé maréchal de la diète.
Ce personnage était agréable à la France, et
son influence sur les délibérations devait être
immense ; car il se trouvait, par cette charge,
à la tête de l'ordre équestre, le peuple de la
diète ; c'était par lui que chaque palatinat devait apprendre les résolutions des autres ;
c'était lui qui recueillait les voix et qui dressait
le diplôme de l'élection, que seul il présentait
au Roi. Cette opération terminée, on s'occupa de dresser les conventions auxquelles devait s'engager le candidat qui serait élu. C'é-
tait, à proprement parler, mettre la couronne
à l'encan. Alors se déploya toute l'avidité des

principaux membres de la noblesse polonaise.
Les uns vendirent le trône au prince de Conti ;
d'autres à l'électeur de Saxe, qui répandait
beaucoup d'argent. Un neveu du Pape (1),
Livio Odescalchi, se mit sur les rangs ; il ne
donna rien, mais il promit beaucoup, et fit
un maladroit étalage de ses immenses richesses. Un seul Polonais, le prince Jablo-
nowski, se présenta dans la lice ; la reine fit
agir en sa faveur les débris de sa faction,
dans l'espérance de partager un trône qu'il
devrait à ses efforts.

La lutte devenait vive et le danger immi-
nent. Le prince qui payait le plus libérale-
ment paraissait réunir toutes les chances de
succès, et c'était l'électeur de Saxe. Les paroles dorées de l'abbé de Polignac perdaient
chaque jour de leur valeur. Les partisans du
candidat français se réunirent chez le primat,
et le palatin de Vilna se plaignit avec hauteur
des retards que la France apportait à l'exécution de ses promesses. Le ministre, inquiet et
pénétré de douleur, crut que la présence du

____

(1) Innocent XI.

prince de Conti déciderait Louis XIV à remplir les engagemens qu'il avait contractés. Il proposa d'écrire, afin de hâter son arrivée, et des courriers, chargés des lettres les plus pressantes, furent expédiés pour Versailles.

Mais déja les avides amis de la France, réunis en conseil, prenaient la résolution de notifier à son ministre que, puisqu'il ne pouvait disposer des seuls moyens capables d'arrêter une scission, il semblait convenable qu'il consentît à l'élévation de l'électeur de Saxe, qui s'engagerait à rembourser ses avances au Roi très chrétien, et à donner à l'abbé de Polignac des marques de sa haute reconnaissance. On sent que ces honteuses propositions furent repoussées par l'ambassadeur avec toute l'indignation qu'elles méritaient. Il parla aux députés avec véhémence, et parvint à les ramener encore une fois à leurs premiers engagemens. Une somme de quarante mille écus que lui prêta le cardinal-primat ne fut pas le trait le moins puissant de son éloquence; mais, par un hasard singulier, le nonce du Pape montra tout à coup une étrange partialité pour l'électeur de Saxe, quoique la loi fondamen-

tale du royaume exigeât que le roi et la reine
de Pologne fissent profession ouverte de ca-
tholicisme. La France comptait alors en sa
faveur la plus grande partie des palatins, et
l'on s'attendait à entendre proclamer son
candidat; mais l'adresse de ses ennemis fit
courir le bruit que le cardinal-primat exigeait
l'unanimité dans les votes. Cette fausseté nui-
sit aux mesures prises par l'abbé de Polignac,
à qui l'argent manquait pour soutenir la fer-
veur de ses adhérens, et qui en perdit plusieurs
par ce seul motif. La défection du général
Sapieha, dont la maison avait déja reçu plus
de quatre-vingt mille écus, vint encore ébran-
ler le parti de la France. C'était le seul général qu'elle pût opposer aux autres généraux,
qui tous s'étaient déclarés contre elle. Cependant la faction du prince de Conti était encore composée de vingt-neuf palatinats, et la
majorité se trouvant acquise, le primat pro-
clama Louis-François de Bourbon-Conti roi
de Pologne et grand-duc de Lithuanie.

Mais, tandis que le prélat dignitaire allait
entonner le *Te Deum* à la cathédrale, au
bruit des salves d'artillerie, l'évêque de Ku-

javie rentrait au camp de l'élection, rassemblait les membres de la minorité, et, soutenu par les troupes nombreuses des généraux de la couronne, il proclamait, à son tour, l'électeur de Saxe.

Qui pouvait décider désormais entre les deux adversaires? Le prince de Conti était absent. L'électeur de Saxe, suivi de dix mille hommes, entrait à Kracovie, où il prenait possession du trône. Louis XIV avait promis trois millions et ne les avait pas mis à la disposition de son ambassadeur; l'électeur en avait répandu douze parmi les membres de la noblesse. La partie était perdue pour la France. Cependant, si le prince de Conti fût arrivé sur ces entrefaites, si l'abbé de Polignac n'eût pas été réduit à repaître ses amis d'illusions et d'espérances, la couronne de Pologne eût été réservée, malgré les succès inouis de l'électeur de Saxe, au vaillant neveu de Louis XIV; mais il semblait qu'on la refusât, en France, à mesure qu'on s'empressait, à Varsovie, de la donner. Une basse jalousie prenait à tâche de traverser, à Versailles, les opérations de l'ambassadeur, et deux mois s'écoulèrent avant que les préparatifs du voyage de Louis de Bourbon-Conti fussent terminés. Il confia enfin sès destinées royales à une petite escadre commandée par l'intrépide Jean-Bart; il parut à Dantzig, mouilla devant l'abbaye d'Oliva, et fut salué de trois coups de canon par le fort de Vielmunde. Il ne reçut pas d'autres honneurs. La cité de Dantzig se prononça contre lui, et toute l'adresse du ministre de France, son éloquence, son courage, échouèrent devant l'audacieuse fermeté du magistrat de cette ville, qui ordonna d'en fermer les portes, d'arrêter tous les Français, et même les domestiques de l'ambassadeur, de saisir ses chevaux et ses voitures, et de les vendre à l'encan. Le prince de Conti fit appareiller à l'instant pour l'île de Rugen; les abbés de Polignac et de Châteauneuf l'y rejoignirent. Ils y tinrent un conseil, afin de délibérer sur le parti qu'il convenait de prendre avec un rival doué de trop de valeur et d'esprit de conduite pour qu'on se risquât à commettre de nouvelles fautes, et le Prince décida qu'il n'était ni de sa prudence, ni de sa dignité de risquer sa personne dans un royaume dont

son adversaire était déja le maître. Il rougis-
sait des procédés avides de ces nobles Polonais, qu'il était accoutumé à croire des gens
d'honneur. Ses regards se tournèrent vers la
France, il fit déployer la voile, et laissa au
duc de Saxe un trône environné d'écueils.

L'abbé de Polignac se trouva dans une situation personnelle des plus critiques. Il avait
tout perdu à Dantzig; les chefs militaires
reçurent l'ordre de le traiter en ennemi, et
non en ambassadeur; une partie de ses pa-
piers fut saisie; et les courtisans, jaloux de
la confiance que le Roi lui avait témoignée,
répandirent le bruit qu'il en avait abusé.
Louis XIV, circonvenu par les membres de
la maison de Bethune, parens de la Reine
douairière, en paraissant abandonner sans
regret ses vues sur la Pologne, n'en écrivit pas
moins sèchement à son ministre. Il lui ordonna de revenir en France, et d'attendre, sur
la frontière, qu'il lui fît savoir ses intentions.
Telle est la politique des cours, où le succès
justifie les fautes, où l'on expie le talent comme
un crime.

L'abbé de Polignac, pénétré de douleur à

cette disgrace si peu méritée, sollicita la faveur d'être au moins entendu dans sa justification facile ; mais on voulait qu'il fût coupable, et bientôt, en effet, il le parut aux yeux de
toute la France et des nations étrangères. Une
nouvelle lettre du Roi (1) lui enjoignit de se
rendre à son abbaye de Bonport, et d'y rester
jusqu'à nouvel ordre. Il ne lui restait qu'à
obéir et même à dissimuler ses chagrins en
courtisan consommé. Le triomphe de ses ennemis lui arrachait le prix de ses travaux, et
rompait les projets qu'il avait pu raisonnable-
ment former pour son avenir. Il supporta
toutefois sa disgrace avec modération, et
rendu à lui-même dans le calme de la solitude,
il honora son exil en consacrant ses loisirs à
la composition d'un poème latin, qui vaut
aujourd'hui à son nom plus d'illustration
réelle que toutes les dignités dont il fut comblé plus tard. L'abbé de Polignac, en traver-
sant la Hollande, avait eu plusieurs entretiens
avec le célèbre Bayle, à Rotterdam. Bayle,
dans ces conversations savantes, citait sou-

____

(1) 24 avril 1698.

vent des vers de Lucrèce à l'appui de ses as-
sertions. L'abbé de Polignac lui demanda ce
qu'il pensait de certaines matières religieuses,
et des sectes les plus répandues en Hollande;
l'hypercritique éluda la question et la renvoya
à Lucrèce; puis, cependant, pressé de nouveau, il s'écria qu'il était bon protestant.
« Mais qu'entendez-vous enfin par ce mot,
« lui dit l'abbé? — Ce que j'entends, répondit
« Bayle? C'est que je suis protestant dans
« toute la force du terme; car au fond de mon
« ame, je proteste contre tout ce qui se dit et
« ce qui se fait! » Et il accompagna cette déclaration d'un passage de Lucrèce, plus éner-
gique encore que les premiers. Au sein des
loisirs de son abbaye, l'abbé de Polignac se
rappela ces entretiens, et conçut le projet de
réfuter, en beaux vers, le système d'Épicure
adopté par Lucrèce.

L'exil de l'abbé de Polignac durait encore
lorsqu'il apprit, dans sa retraite, l'élévation
d'un petit-fils de Louis XIV au trône des
Espagnes et des Indes (1). Il crut devoir écrire

----

(1) En 1700.

au Roi une lettre de félicitation, et il y disait :
« Si les prospérités de votre majesté, Sire, ne
« mettent pas fin à mes malheurs, du moins
« me les font-elles oublier. » Il ne les oublia en
réalité que deux ans après, quand le Roi voulut le rappeler à la cour (1). Il y reparut avec
éclat. Sa réputation littéraire avait dépassé
les limites de l'abbaye ; on parlait avec enthousiasme du poème de l'Anti-Lucrèce, et il
devint de mode d'en entendre la lecture ; bi-
zarrerie de salon d'autant plus étrange que la
plupart des grands seigneurs étaient médio-
cres latinistes, et qu'on a quelque raison de
croire que les femmes, qui s'extasiaient, à l'en-
vi l'une de l'autre, sur certains passages, les
comprenaient assez peu. L'abbé de Polignac
lut son poème à la duchesse du Maine, mais
il eut soin de lui en faire une traduction ver-
bale. Le duc du Maine en traduisit le premier livre, et le dédia à la duchesse ; enfin, le
duc de Bourgogne, l'héritier présomptif du
trône, en fit une version qui fut montrée à
Louis XIV, et ce monarque conçut de l'au-

____

(1) En 1702.

teur une plus haute idée que celle qu'il en avait eue jusqu'alors. Il ne restait au rival de Lucrèce, qu'à désirer un titre littéraire ; l'immortel Bossuet fut ravi à la France, et l'abbé de Polignac alla s'asseoir au fauteuil de l'académie, à côté du chantre illustre des aventures de Télémaque (1). Son discours de réception fut considéré comme un chef-d'œuvre d'esprit et d'éloquence ; c'était au moins un modèle d'ingénieuse flatterie pour Louis XIV.

Aussi le Roi songea-t-il à récompenser un homme qui semblait si pénétré de sa grandeur et de sa supériorité sur tous les princes de la terre. Il lui ouvrit la route aux plus éminentes dignités de l'église, en le nommant auditeur de Rote à Rome, pour succéder au cardinal de la Trémoille (1). Ce choix remarquable ramena près de l'abbé de Polignac, tous les courtisans de Versailles, comme ses succès

---

(1) En 1704.

(2) La rote est une juridiction de Rome composée, de douze docteurs nommés auditeurs ; neuf sont choisis hors des Etats romains par la France, l'Espagne, l'Allemagne et les petits Etats de l'Italie ; les trois autres appartiennent au Pape. Ils siègent à tour de rôle, et décident de toutes les causes bénéficiales et profanes de l'état ecclésiastique.

littéraires lui avaient ramené la bonne compagnie de Paris. L'abbé n'était nullement versé dans les matières qui ressortissaient au tribunal ecclésiastique dont il allait faire partie ; mais il avait trop d'esprit pour ne pas briller promptement dans une charge que déja tant d'autres avaient occupée, au seul titre d'une haute naissance. Honoré de la confiance du cardinal de la Trémoille, ses graces personnelles, la douceur de son caractère, ses manières insinuantes lui valurent en peu de temps l'amitié du Saint-Père, Clément XI, et l'estime du sacré collège. Il resta trois années à Rome, et, grand admirateur des chefs-d'œuvre dont les anciens avaient décoré jadis la ville sainte, il y commença une rare et savante collection de médailles, de statues et d'antiquités précieuses.

Les prospérités de la France s'étaient alors évanouies ; les souffrances des peuples s'accroissaient dans les horreurs de la famine et les rigueurs d'un froid excessif ; et le nom du Roi ne suffisait plus pour arrêter les armées étrangères et servir de rempart à nos provinces 1). Huit années de guerre avaient épuisé les campagnes d'hommes et d'argent ; les ressources et le crédit étaient anéantis; on ne prévoyait que des malheurs ; la tristesse germait, avec le découragement, dans tous les cœurs, et la paix était ardemment désirée comme le salut du royaume. Mais cette politique barbare, qui se joue si froidement de la vie des hommes et du bonheur des peuples, était trop d'accord avec les ressentimens personnels des ennemis de Louis XIV, pour que la condescendance même du monarque ne les animât pas encore à l'assouvissement de leur haine. Ils craignirent enfin de l'avoir portée trop loin, ils se prêtèrent à de nouvelles négociations, et les conférences commencèrent à Gertruydemberg. Ce fut à l'abbé de Polignac que le Roi confia le sort de cette négociation, et cette époque de sa vie devient un important épisode de l'histoire de France. Il lui fallait acheter la paix, quelque prix que l'on en demandât. Mais un pareil traité ne

____

(1) 1709.

serait-il pas lui-même de nature à être classé parmi les plus grands désastres? Quelle honte de ne pas réussir, lorsque le monarque consentait à tous les sacrifices, même à ceux qui compromettaient sa famille! Et s'il réussissait, quel malheur d'être condamné par la postérité, comme le complice des hontes de la patrie! Car elle n'absout jamais l'instrument du déshonneur, quand la fatale nécessité s'est éloignée, quand les maux ne sont plus qu'un souvenir qui s'efface.

Le maréchal d'Huxelles (1) reçut les mêmes ordres que le rival de Lucrèce. Il était homme de cœur et d'esprit ; mais, selon le jugement d'un contemporain sévère (2), les vertus et la probité dont il se parait n'étaient qu'une écorce sans consistance, qui recouvrait l'ambition démesurée, l'envie et son hideux cortège d'intrigues et de bassesse, la corruption de mœurs et ses dégoûtantes orgies. D'autres apprécia-

---

(1) Il se nommait Dublé, et, par une singulière similitude avec la famille des Polignac, l'un de ses ancêtres avait quitté, vers 1500, son propre nom, qui était De Laye, pour adopter le nom et les armes des Dublé.

(2) Le duc de Saint-Simon.

teurs du caractère de cet homme d'Etat, le représentent comme réservé sans dissimulation, doué de connaissances militaires étendues, et d'un commerce agréable sans présomption et sans vaine tracasserie.

Quoi qu'il en soit des talens divers et du plus ou moins de pureté d'ame des ambassadeurs, tous deux avaient brillé à la cour de Louis XIV, et ils possédaient cette grace, cette aménité, cette élégance de mœurs et de manières qu'on ne pouvait manquer d'y acquérir, et qui gagnait si facilement les cœurs; mais toutes leurs avances échouèrent contre la roideur et la pesanteur de raisonnement des commissaires hollandais qui leur étaient opposés. Dès qu'on croyait avoir obtenu quelque concession favorable à la France, par des raisons solides qu'avaient fait valoir la franchise du maréchal ou les touchantes insinuations de l'abbé, leurs antagonistes, surpris de s'être laissé convaincre, rétractaient le lendemain leurs paroles et désavouaient ce qu'ils avaient accordé la veille. Et cependant, Louis XIV consentait à céder à ses ennemis Douai, Lille, Tournai, Maubeuge; à démolir les fortifications de Strasbourg, à reconnaître le traité de Westphalie en tout ce qui corroborait, à ses dépens, le pouvoir de l'empereur d'Allemagne ; à chasser de ses Etats le dernier des Stuarts, le fils de Jacques II, connu sous le nom du Prétendant ; à voir enfin, sans s'y opposer, enlever à son petit-fils le trône des Espagnes et des Indes ! Il se bornait à demander en faveur de Philippe V, et pour tout dédommagement, le royaume de Naples. Plus Louis XIV avait été grand, plus l'Europe semblait acharnée à sa perte; plus la France avait brillé, plus les envieux de sa haute renommée se réjouissaient d'une humiliation qu'ils cherchaient encore à augmenter. C'étaient des nains parvenus à renverser un géant, et qui se croyaient grandis de toute la longueur des chaînes dont ils l'avaient accablé. « Vous parlez comme des gens qui ne « sont pas accoutumés à vaincre, leur disait l'abbé de Polignac, outré du faux orgueil qui leur inspirait les demandes les « plus audacieuses. Ne craignez-vous pas que « cette fortune, qui fut si long-temps fidèle à « nos drapeaux, ne reconnaisse encore ces

« bannières sous lesquelles elle se plaisait? La
« conjoncture vous est favorable, hâtez-vous
« d'obtenir une paix glorieuse : de grands re-
« vers vous attendent peut-être aux champs
« de la Flandre française. » Les ambassadeurs des puissances alliées répondirent à ces
belles paroles par l'énoncé d'une condition
sans pudeur : ils exigèrent que Louis XIV,
non content de rappeler les forces qui com-
battaient pour son petit-fils, les tournât contre
son propre sang et contribuât à faire descendre
le jeune monarque du trône où il était monté.

L'indignation dont les plénipotentiaires
français furent saisis ne saurait se peindre, et
cependant ils étaient forcés d'en mitiger l'expression, pour remplir jusqu'au bout leur
douloureuse mission. On les fatiguait d'objections captieuses, d'insidieuses et malignes propositions, auxquelles ils n'osaient répondre,
quelque consommés qu'ils fussent dans les
subtilités diplomatiques. On leur prescrivit
enfin, comme condition préliminaire, sans
laquelle les alliés ne souscriraient à aucun
traité, et dont nulle restriction n'adoucirait
la rigueur, celle de livrer trois villes de France

et trois villes d'Espagne, au choix des hautes
puissances. Ils répondirent par un noble refus; mais ils reconnurent avec douleur que les
alliés n'avaient d'autre dessein que de perpé-
tuer la guerre et de souiller de sang cette belle
France, si généreuse elle-même envers ses ennemis. Les projets inhumains de l'ambitieuse
alliance se montrèrent dans tout leur jour,
quand elle apprit avec certitude que la famine
ne cessait de désoler la contrée qu'elle voulait
punir de ses anciennes prospérités, que la
source de ses finances était tarie, et que des
troupes sans subsistances étaient bien près
aussi de se trouver sans courage. « Que votre
« Roi, disaient la haineuse Autriche, la ja-
« louse Angleterre, l'impérieuse Hollande,
« par l'organe de leur envoyé, que votre Roi
« se charge de contraindre le duc d'Anjou à
« descendre du trône usurpé des monarques
« espagnols. La proposition même de joindre
« vos troupes aux nôtres ou de nous fournir
« des subsides ne nous convient pas : deux
« mois sont accordés à la maison de Bourbon
« pour qu'elle déchire elle-même ses entrailles;
« nous resterons tranquilles spectateurs de

« cette scène ; mais, ce terme expiré, la trève
« est rompue et la guerre recommence, quand
« même votre Roi aurait rempli toutes les au-
« tres conditions. »

Ce fut alors que Louis XIV, blessé jusqu'au
fond du cœur, prit la généreuse résolution
de s'ensevelir sous les débris de la monarchie,
plutôt que de souscrire à son propre déshonneur. Toute la nation fut indignée de l'atro-
cité des combinaisons de l'alliance autrichienne, et son caractère se retrempa sous le
mépris même dont on essayait de l'accabler.
La cruauté, le cynisme, la rigueur des propositions de l'ennemi, sauvèrent la France.
Le Roi donna l'ordre de rompre les conférences, et rappela ses ambassadeurs (1), dont
la position était d'autant plus fausse qu'à peine
avaient-ils consenti à une demande qui devait
être la dernière, que leurs adversaires s'en
désistaient pour en substituer une autre encore plus exorbitante.

L'abbé de Polignac fut récompensé de ses
services par la charge de maître de la musique
de la chapelle du Roi, vacante par le décès

____

(1) Ils quittèrent Gertruydemberg le 26 juin 1710.

de l'archevêque de Reims, le Tellier de Louvois, par les abbayes de Bégard et de Mousson et par le titre de conseiller d'Etat.

Mais Philippe V essuyait revers sur revers, et l'horizon de la France se chargeait des plus noirs orages. Les puissances ennemies considéraient son vaisseau comme destiné à périr ; et déja, semblables à des vautours qui fixent leurs regards avides sur les dernières convulsions d'un malheureux blessé dont le corps va devenir un cadavre, elles se partageaient en idée ses chairs les plus vives et ses plus belles provinces. Eugène et Marlborough contemplaient avec joie le prix du sang qu'ils se préparaient à verser, quand arriva le jour marqué par la Providence pour le terme de nos infortunes. Le duc de Vendôme ramena la victoire sous les drapeaux de la France, et raffermit le sceptre dans les mains de Philippe, tandis qu'une intrigue de cour éloignait lord Marlborough du commandement des armées ennemies, et chassait du conseil d'Angleterre les ministres opposés à la paix (1). Des négociations secrètes, entre le cabinet de Versailles

____

(1) Les plus grands évènemens ont pour principe les plus pe-

et celui de Westminster, se terminèrent par la signature de quelques articles préliminaires. La confiance s'établit, et, comme les hasards heureux se suivent ainsi que les malheurs, l'empereur Joseph vint à mourir. De ce moment, la grande alliance fut ébranlée dans sa base. L'Angleterre ne pouvait consentir à ce que la tête ornée de la couronne impériale possédât encore celles des Espagnes et des Indes, de Naples, de Sicile et de Sardaigne. La politique des puissances belligérantes changea tout à coup ; la reine Anne se présenta comme médiatrice, et un congrès pacifique s'ouvrit à Utrecht (2). Louis XIV nomma le maréchal d'Huxelles et l'abbé de Polignac ses plénipotentiaires, et leur adjoignit un homme

tites causes. On l'a dit souvent ; jamais avec tant de raison que dans la révolution de cabinet qui amena la paix d'Utrecht. Lady Marlborough était la favorite de la reine d'Angleterre, et jouissait, sur sa souveraine, d'un crédit absolu. Un jour, elle s'empara insolemment d'une paire de gants destinée à la Reine ; le lendemain, elle jeta un verre d'eau sur la robe d'une femme que la Reine comblait d'amitiés, et par laquelle elle craignait d'être supplantée. Anne ne lui pardonna pas ces grandes offenses ; elle exila des sujets dont la tyrannie domestique commençait à lui peser, et bientôt après des négociations secrètes s'établirent entre la France et l'Angleterre.

(1) 1712.

dont le talent et le mérite n'avaient d'autre
défaut qu'une extrême modestie; il se nommait Ménager. Le Roi le décora du titre de
comte de St.-Jean, pour qu'il marchât de pair
avec ses illustres collègues.

L'étude d'un congrès est une des curiosités
de l'esprit humain. Elle embrasse les plus
hautes spéculations de la loi des peuples et des
gouvernemens; elle balance des intérêts qui
tuent les nations ou leur donnent une existence indéfinie, et, en même temps, elle pénè-
tre dans l'examen des plus incroyables minu-
ties. Les ministres français se louèrent beaucoup, dans leurs dépêches au Roi, de la com-
modité de leurs logemens, et racontèrent que
le maréchal d'Huxelles avait proposé d'enlever, de la salle des conférences, la cheminée
et la glace qui la surmontait, afin d'éviter
toute discussion sur la préséance ou la distinction des rangs, ce qui avait été agréé et
exécuté. Ces importans devoirs une fois rem-
plis, les plénipotentiaires des diverses nations
entrèrent ensemble par des portes opposées,
se saluèrent gravement de loin, s'avancèrent
à pas égaux et mesurés vers la table posée au

milieu de la salle, et s'assirent en même temps dans les fauteuils qui leur avaient été préparés. Un éternuement de lord Stafford pensa déranger l'économie du cérémonial ; mais le trouble qu'il causa fut heureusement réparé par la politesse exquise de l'abbé de Polignac, la franchise pleine d'aménité du maréchal d'Huxelles et la modeste bonhommie du nouveau comte de St.-Jean.

Le comte de Stafford prit le premier la parole, et l'abbé de Polignac lui répondit. Il parla avec élégance, avec noblesse, avec netteté, et il ne tint pas à lui qu'il n'en advînt des résolutions capables de remédier aux maux dont gémissait l'Europe ; mais la diversité des intérêts, la complication des prétentions des puissances ennemies, semblaient rendre inutiles et son habileté, et le savoir de Ménager de St.-Jean, et la réputation sur laquelle vivait le maréchal d'Huxelles. L'adresse, la patience, la hauteur même furent successivement employées. Tout ce que la prudence humaine pouvait rassembler de moyens, tout ce que l'art des traités, la science de la politique pouvaient produire de plus profond, fut mis en œuvre, pour conduire l'importante affaire d'une paix européenne vers une heureuse fin, habilement ménagée ; mais les succès divers de la guerre semblaient destinés à régler le sort des négociations. L'abbé de Polignac remontrait en vain que la monarchie disproportionnée de Charles-Quint allait revivre sous le sceptre de Charles VI ; l'Angleterre seule comprenait ses craintes, et la Hollande répondait aux insinuations de son alliée : « Encore une campagne, et la puissance « toujours renaissante de la France ne sera « plus à redouter ! » Le lendemain amena la nouvelle de la victoire de Denain. Villars avait forcé les lignes du duc d'Albemarle, repoussé le prince Eugène, pris Marchienne et ses vastes magasins, délivré Landrecies, enlevé Douai, Lequesnoy et Bouchain, et fait prisonniers quarante bataillons. Le ton des plénipotentiaires français changea comme la fortune ; ils avaient supplié, ils ordonnèrent ; ils avaient consenti à des sacrifices, ils en exigèrent ; et, comme les Hollandais, humiliés à leur tour, ne voulaient pas descendre des hauteurs de leur orgueil, et déclaraient aux

ministres de Louis XIV qu'ils devaient se préparer à quitter le territoire de la république,
l'abbé de Polignac leur dit, avec autant de
dignité qu'on lui avait montré d'insolence :
« Non, chers et grands amis, nous ne sorti-
« rons pas d'ici ; nous traiterons chez vous,
« de vous et sans vous ! » De cet instant, les
nuages formés par l'ambition et la défiance,
par l'intérêt et la jalousie, se dissipèrent, et
l'on ne connut bientôt plus de bien, de devoir, d'intérêt que dans la paix. L'abbé de
Polignac avait une part immense aux bienfaits qu'elle allait produire ; sa récompense ne
se fit pas attendre. La nouvelle de son élévation au cardinalat lui arriva quand tout était
disposé pour une réconciliation générale.
Louis XIV y ajouta le don de l'abbaye de
Corbie ; et l'heureux négociateur accourut à
Versailles pour recevoir des mains du Roi
les insignes d'une dignité qui l'élevait au rang
des premiers princes de l'Eglise. L'honneur
de signer le traité de paix fut réservé au maréchal d'Huxelles et au comte de St.-Jean.

Le cardinal de Polignac passa rapidement
des affaires de la politique à celles de l'Eglise,

aux fonctions délicates de courtisan, aux loisirs et même aux intrigues de la littérature. Il tint une conduite prudente dans les discussions survenues à l'occasion de la bulle *unigenitus* et des résistances du cardinal de Noailles, auquel il épargna la disgrace dont il était menacé, et Louis XIV lui donna de nouvelles marques de sa munificence en lui conférant la riche abbaye d'Anchin. Il quittait peu le souverain, et il mettait alors en œuvre tout l'esprit de flatterie qu'il possédait, afin de plaire au vieux monarque. Un jour qu'il l'avait suivi dans les jardins de Marly, et qu'une averse soudaine l'avait trempé jusqu'à la peau, le Roi lui témoigna quelque regret de n'avoir pu lui procurer un abri : « Ah ! sire, ce n'est rien, s'écria le cardinal : « la pluie de Marly ne mouille pas. »

Ce fut cet esprit de cour qui porta le cardinal de Polignac à poursuivre l'abbé de St.-Pierre, et à le faire exclure de l'Académie française. La postérité a rendu justice à ce vertueux ecclésiastique, dont l'unique travers fut un amour sans bornes pour la paix des nations, et qui passa toute sa vie à rechercher et à enseigner les moyens de l'établir. Il n'avait pas mis encore au jour son *Projet de Paix universelle ;* mais il venait de faire paraître son *Discours sur la Polysinodie ou la pluralité des Conseils.* Le bon abbé ne voulait pas que les ministres décidassent seuls dans les affaires importantes, qu'il proposait de soumettre à la discussion d'une réunion d'hommes d'Etat. Il désirait encore la création d'un conseil suprême, qui suppléât à la faiblesse de caractère des monarques, à leur aversion pour le travail, au dépérissement de leur santé; et il trouvait, dans ce plan d'administration, un avantage inappréciable : c'est que les femmes, au moins, n'auraient pas une influence complète sur la nomination, les travaux et les discussions des ministres. Rien n'était assurément plus innocent, plus sage en principe, mais aussi plus impraticable que les propositions de l'abbé de St.-Pierre. L'oubli, le ridicule même eussent promptement frappé de mort ce qu'elles avaient d'insolite et de défectueux, en conservant toutefois à l'auteur quelque reconnaissance pour ses vues amélioratives sur la police des grandes routes, la répartition de l'impôt, l'abolition des duels, la répression de la mendicité ; mais le cardinal de Polignac fit retomber sur la Polysinodie tout le poids d'une indignation excitée par les réflexions de l'abbé de St.-Pierre relativement aux gouvernemens absolus. Il vit un crime à condamner la confiance que Louis XIV avait placée en madame de Maintenon ; il déféra les ouvrages de l'abbé à l'Académie française, l'accusa de calomnie envers le grand Roi, présenta la faute sans adoucissement, dans toute son énormité, et protesta qu'il cesserait de siéger à l'Académie, si l'abbé de St.-Pierre n'en était pas exclus. L'abbé de Fleury fit la même déclaration ; et le malheureux St.-Pierre ayant refusé de se rétracter et de s'avouer coupable en quoi que ce fût, se vit rayer du tableau de la compagnie. Son fauteuil ne fut cependant donné qu'après sa mort. L'opinion générale condamna l'excessive sévérité du cardinal de Polignac.

Il fut lui-même plongé dans la disgrace peu de temps après, et il reconnut, par ses propres douleurs, qu'à la cour il suffit d'être soupçonné pour paraître coupable. Louis XIV avait terminé sa carrière, et la régence, dont s'était emparé le duc d'Orléans, suscitait à ce prince un peuple d'ennemis. Une conspiration, ourdie par la reine d'Espagne et conduite par le cardinal Alberoni, eut pour objet de lui enlever le gouvernail de l'État. Elle fut aisément dissipée ; mais il existait des complices, et les soupçons se fixèrent sur les amis de la duchesse du Maine. L'intimité du cardinal de Polignac avec la princesse, le rendit suspect au régent, et un exempt de la maison du Roi lui annonça qu'il était chargé de l'accompagner à son abbaye d'Anchin. Le cardinal se sentait innocent; il obéit, au lieu de se livrer à d'inutiles supplications, et subit son exil avec dignité. C'était une précieuse occasion pour achever son poème de l'Anti-Lucrèce, et il sut en profiter.

L'exil du cardinal dura deux années. Il revint alors à Paris, où il brilla plus que jamais par l'étendue de ses lumières et l'agrément de son esprit. Il fut agrégé à l'Académie des sciences et à celle des inscriptions et belles-lettres, et parut avoir quitté pour toujours le champ de la politique. Ses loisirs philosophiques furent cependant troublés, en 1724, par la mort du pape Innocent XIII. Il se rendit à Rome et concourut à l'élection du cardinal des Ursins, doyen du sacré collège, qui prit le nom de Benoît XIII. Le roi, Louis XV, satisfait de sa conduite en cette occasion, lui confia les hautes fonctions d'ambassadeur auprès du Saint-Siège (1), et les premières démarches du cardinal de Polignac tendirent à ramener à l'unité de l'Eglise les dissidens qui refusaient d'accepter la constitution *unigenitus*. Après de longs efforts, il réussit complètement auprès du cardinal de Noailles et de la congrégation des bénédictins de Saint-Maur, et le cabinet de Versailles lui témoigna hautement le plaisir que lui faisait ce succès inespéré, qui rendait l'Eglise de France à la paix trop long-temps troublée par des discussions théologiques, funestes à la religion et dangereuses à la patrie (2).

Durant son séjour à Rome, le cardinal de Polignac forma le projet de détourner le

---

(1) En 1724.
(2) Lettre du cardinal de Polignac au cardinal de Noailles

cours du Tibre et de rechercher dans son lit
les bronzes et les marbres mutilés que les barbares, vainqueurs de Rome, y ont jetés, ou
que les partis victorieux, dans les guerres civiles des derniers temps de la république ou
dans le premier siècle de l'empire, y ont pré-
cipités ; mais quelles que fussent ses instances
auprès du Pape, afin d'en obtenir cette faveur,
Sa Sainteté ne se trouva pas assez puissante
pour l'accorder, ou assez riche pour couvrir
les frais de l'entreprise. Le cardinal offrit
vainement d'y contribuer. On n'était pas
alors assez habile en finances ou en industrie
pour savoir que plusieurs petites bourses réunies valent mieux qu'une grande, et qu'il
n'existe pas de dépense absolument exorbitante quand des milliers d'actionnaires s'en-
gagent à en supporter chacun une légère
partie. Ce beau projet n'a pas encore reçu
d'exécution efficace.

Nous ne suivrons pas le cardinal de Polignac dans les discussions théologiques du
concile de 1724, où il réfuta les propositions
du cardinal Cienfuegos, partisan de l'empereur d'Allemagne, qui voulait que les pères du

concile n'eussent qu'une voix consultative,
parce que le Pape, possédant seul toute l'autorité de l'Eglise, ne pouvait la communiquer
à personne, et qu'on ne venait à ses ordres que
pour en recevoir des oracles; encore moins
rendrons-nous compte de ses démêlés relatifs
au cérémonial avec le même Cienfuegos. Il
s'agissait de savoir si l'ambassade de France
jouirait, comme celle de l'Empereur, de deux
loges au spectacle, et si la distribution des
cierges bénis, au jour de la Purification, conti-
nuerait à blesser l'égalité qui devait marquer
le rang des deux souverains. Le ministre de
Vienne voulait recevoir deux cierges, si l'on
en donnait un au ministre de France, et posséder quatre loges, si le cardinal de Polignac
en obtenait deux. « Que l'on m'apporte deux
« cierges allumés, disait l'ambassadeur de
« l'empire, et de nuit, pour qu'on les voie
« mieux ! — Si l'on cède à cette injonction,
« reprenait l'ambassadeur de Louis XV,
« je renverrai le mien éteint, et de jour, afin
« que le public en soit mieux informé. » On
donna de grandes louanges à la fermeté du
cardinal, et l'on assura que cette affaire, qui

semblait au vulgaire d'une futilité niaise, était,
au fond, de la plus haute importance. Cela se
peut.

La chaleur que le cardinal avait mise à soutenir la dignité de son maître et de sa couronne fut appréciée du ministère, qui récom-
pensa son zèle, en le portant à l'archevêché
d'Auch. C'était ajouter à sa fortune cinquante
mille écus de rente. Le Pape voulut remplir
lui - même les formalités de la consécra-
tion, et jamais cérémonie n'avait été plus
brillante. Le cardinal n'en fut que mieux disposé à user de sa haute intelligence et de son
éminente piété pour éviter tout ce qui pouvait blesser les libertés de l'Eglise gallicane et
lui conserver une paix inébranlable. Les négociations que lui confiait le cabinet de Versailles n'avaient pas toujours ce caractère
d'honneur et de loyauté dont il eût voulu ne
jamais s'écarter dans sa carrière, et il se
trouva chargé tout à coup de ménager une
affaire d'Etat, aussi délicate pour ses sentimens
que difficile en elle-même. Le prétendant au
trône d'Angleterre, connu sous le nom du
chevalier de Saint-Georges, las du séjour de

Rome, traversa incognito le midi de la France, et vint se fixer dans la ville d'Avignon. Il était impossible que le Roi y tolérât sa résidence ; mais il était cruel aussi de recourir, envers ce malheureux prince, à des partis extrêmes. Le ministère imposa donc au cardinal le devoir d'engager le Pape à employer son autorité paternelle sur le Prétendant, pour le déterminer à sortir du Comtát. Or, le cardinal de Polignac était justement redevable du chapeau de pourpre au chevalier de Saint-Georges, qui avait accordé, pour lui, au ministère français, la nomination dont il disposait ; et cependant, les engagemens du Roi avec la nation anglaise étaient de telle nature que ce monarque n'avait pas la liberté de se refuser à les remplir. Le cardinal était donc placé entre la reconnaissance qu'il devait à son bienfaiteur et sa fidélité envers son souverain. Il en parla au Saint-Père. « Et comment voulez-« vous, s'écria le Pontife, que le Pape chasse « de ses Etats un roi, martyr de la foi catho-« lique ? — Que Votre Sainteté songe, reprit « le cardinal, que le Roi très chrétien est lié « par deux traités solennels. Un plus long

« séjour du chevalier de Saint-Georges dans
« le Comtat l'expose à d'insupportables re-
« proches de connivence. La Princesse, son
« épouse, ni ses enfans, ne pourront, désor-
« mais, traverser le territoire français, afin
« de le rejoindre ; cette considération est
« puissante et doit l'engager à revenir en Ita-
« lie. — N'avez-vous donc, dit le Pape, d'au-
« tres gens que moi pour lui persuader cela ?
« Je n'ai nulle part à la démarche qu'il a
« faite ; mais je ne suis point propre à pareille
« négociation. Elle ne me convient nulle-
« ment. — C'est pourtant une chose indis-
« pensable, dit le cardinal ; il faudra qu'elle
« se fasse de manière ou d'autre. »

Elle se fit, en effet. Il mit en œuvre, d'a-
près les nouveaux ordres qu'il reçut, toute
l'activité, toute la dextérité dont il était capable, et, dans cette démarche répugnante,
il fallut que les sentimens de son cœur cé-
dassent à la nécessité. Le retour du Prince en
Italie mit fin à une négociation aussi désagréable qu'épineuse. Mais de nombreux libelles
attaquèrent avec fureur la conduite du cardinal
de Polignac, et dirigèrent contre lui des asser-

tions, sans doute calomnieuses. Il éprouva
toutes les angoisses que procure l'affreux
procédé de ces gens sans probité, comme sans
conscience, qui lancent le trait empoisonné et
qui cachent la main dont il est parti. La tempête
qui frappait le chêne ne put rien, toutefois,
contre ses racines. Le Roi conféra au cardinal le cordon du Saint-Esprit, et le créa commandeur de l'ordre. L'ambition humaine ne
pouvait désirer plus de charges et de dignités
que la faveur n'en avait accumulé sur sa tête.

Benoît XIII, chargé d'années et d'infirmités, vint à mourir. Le conclave, rassemblé
pour lui nommer un successeur, fut agité par
tant de cabales, de ruses et d'intrigues, qu'on
y oublia jusqu'à la bienséance qui devait y
régner. Il dura cent vingt-neuf jours, et se
termina par l'exaltation du cardinal Corsini,
qui prit le nom de Clément XII. Ce Pontife
était alors dans sa soixante-dix-neuvième année. Le cardinal de Polignac fut honoré de
son estime, comme il l'avait été de celle de
ses prédécesseurs; mais, enfin, un séjour trop
prolongé dans la ville éternelle commençait
à lui peser. Il sollicita son rappel avec ins-

tance, et fut remplacé, en 1732, par le duc de Saint-Aignan. Il avait rempli, durant huit années, les fonctions d'ambassadeur à Rome.

Le cardinal, à son retour, n'eut point entrée au conseil et ne fut pas nommé ministre d'Etat. Son mérite avait-il fait trop d'ombrage à ses ennemis? On pourrait le supposer, car il fut un des courtisans les plus vivement attaqués à la cour. Il cessa d'être homme public; et, rendu à la plus profonde tranquillité d'esprit, il ne s'occupa, désormais, que de vers latins, de physique, d'histoire naturelle, d'antiquités, dont il s'était formé un riche cabinet, et de pieux devoirs. Il mourut, en 1741 (1), âgé de quatre-vingts ans. Son nom avait été inscrit, de son vivant, sur le parnasse de M. Titon du Tillet (2). *L'anti-Lucrèce* ne fut imprimé que long-temps après sa mort, par les soins de l'abbé de Rothelin.

____

(1) Le 20 novembre.

(2) Qui ne connaît le parnasse de bronze de M. Titon et les vers de Voltaire ?

> Dépêchez-vous, monsieur Titon ;
> Enrichissez votre hélicon, etc.

Le frère aîné du cardinal de Polignac,
l'héritier des titres de la famille, vivait honorablement à la cour, tandis que l'abbé remplissait une longue carrière de gloire, d'intrigues et de services; il devint lieutenant-
général des armées du Roi, gouverneur du
Puy en Vélai, et mourut à Paris, en 1739,
âgé de soixante-dix-neuf ans. Il avait épousé,
en premières noces, Marie - Armande de
Rambures, qu'il perdit jeune encore, ainsi
qu'un fils qu'elle lui avait donné. Il se remaria à Françoise, fille du comte de Mailly et
de Marie-Anne de Sainte-Hermine, et il en
eut Melchior-Armand, François-Camille, et
Louis-Denis-Auguste, chevalier de Malte,
prieur de Nantua, colonel du régiment de
Brie, et plus tard brigadier des armées du
Roi.

Melchior Armand XVII, prit, comme
son père, le titre de marquis de Polignac. Il
devint, en 1738, colonel du régiment Dau-
phin-cavalerie, et il en donna sa démission
peu d'années après. Il épousa Diane-Adélaïde-
Zéphirine de Mancini, fille de Jacques-Hip-
polyte-Marc de Mancini et d'Anne-Louise de

Noailles. Elle lui donna quatre enfans : Jules, comte et depuis duc de Polignac, né le 9 juin 1745 ; Philippe-Jules-François, né le 1er janvier 1747 ; Diane-Françoise-Zéphirine, née le 14 octobre 1746 ; et une autre fille, née le 12 août 1748. La vie du marquis de Polignac, chargée de peu d'incidens, annonce, par son obscurité même, qu'il vécut heureux et paisible. Il ne laissa qu'une fortune médiocre à ses enfans, et il est probable qu'il ne prévit pas le grand rôle que son nom devait jouer dans l'histoire de la France et de la royauté.

Jules, comte de Polignac, son fils aîné, reçut, en 1767, la main de Gabrielle-Yolande-Claude-Martine de Polastron. L'extrême affection que l'infortunée reine Marie-Antoinette conçut pour la jeune comtesse, valut au comte Jules une des plus hautes faveurs dont jamais, en France, se soit honoré un sujet.

La comtesse Jules de Polignac avait reçu de la nature des traits enchanteurs, et la grace la plus parfaite. Une expression spirituelle, un sourire d'ange, un long et volup-

tueux regard embellissaient encore son charmant visage, et communiquaient à sa physio-
nomie un indéfinissable attrait. Ce n'est pas
que sa taille répondît à cette idéale perfection ;
elle était petite, mais bien prise ; et si tout
son ensemble n'excitait pas l'admiration que
fait naître un grand air de dignité, il était au
moins tel qu'on ne pouvait se lasser de la re-
garder, qu'on la trouvait toujours jolie parmi
les plus jolies femmes, et qu'elle avait le rare
avantage de plaire indistinctement à tous. Son
caractère était encore plus parfait que sa figure. Toujours égale, elle montrait un calme,
une sérénité d'ame qu'aucune situation, aucun évènement, aucun hasard, ne semblaient
capables d'altérer, même les attaques personnelles les plus faites pour révolter la sensibilité d'une femme ; et, certes, on ne lui
épargna pas d'odieux outrages, quand elle
devint l'objet de l'animadversion populaire
aux premiers jours de la révolution. Aussi
éloignée de la prévention que de l'enthousiasme, elle cédait rarement à la légèreté de la
jeunesse, et son coup d'œil rapide et juste
saisissait, comme par instinct, le but et le

fond des affaires qu'on lui communiquait ; elle n'y mettait aucune présomption, et, si la matière dont on l'entretenait passait les bornes de ses connaissances, elle n'hésitait pas à répondre : « Ce que vous me dites est au-dessus de ma portée.» Le calme, qui ne la quittait jamais, ressemblait trop à de la froideur, pour qu'on ne l'accusât pas de dédain ou d'orgueil ; et cependant il paraît que ce n'était que l'expression habituelle de l'innocence de ses pensées. La suite d'un calcul n'eût jamais, et si constamment, donné tant de douceur à son maintien, à l'air dont elle accompagnait toutes ses actions, à sa conversation, au son touchant de sa voix. Elle était bonne et compatissante pour les personnes malheureuses ; elle s'attendrissait jusqu'aux larmes au récit de quelque infortune, et jamais elle n'a refusé son secours quand on l'a réclamé. On peut juger, d'après cela, de l'excès de son exquise sensibilité pour sa famille et ses amis.

Mais cette douceur même et cette vivacité d'affection, cachées sous une enveloppe souvent glaciale, ne pouvaient guère passer, à la cour, que pour de l'apathie. Sa faveur, pour être pardonnée, eût exigé plus d'expansion factice. La comtesse Jules, ennemie des visites d'étiquette d'où l'amitié était bannie, montrait, peut-être, trop peu d'égard aux personnes qui venaient encenser en elle l'idole que la Reine élevait sur un piédestal; elle ne déguisait pas l'ennui qui s'emparait d'elle dans ce mouvement cérémonieux d'indifférens qui briguaient un sourire par ambition, et dans l'espoir qu'on les servirait auprès de la Souveraine; et elle se hâtait de fuir toutes ces grandeurs et ces adulations au sein d'une société choisie, où régnait une aimable liberté. Il n'en fallait pas tant pour que la calomnie cherchât à lui faire expier les préférences dont l'honorait la Reine.

La comtesse Jules de Polignac n'avait pas été présentée à l'époque de son mariage. Le comte son époux ne réunissait pas cette richesse qu'eût exigée sa résidence à la cour, et elle passait la plus grande partie de l'année dans une terre qu'il possédait à Claye, en Brie. On peut même dire que les premiers temps de leur union furent éprouvés par une sorte de gêne voisine de la détresse. Cependant elle figura dans un quadrille chez la princesse de Lamballe, et fut distinguée par la Reine qui s'étonna de remarquer, pour la première fois, une personne éblouissante d'attraits et dont l'air de candeur annonçait l'ame la plus belle et la plus pure. Avec tant de moyens de plaire, pourquoi s'éloigner ainsi de la cour? La comtesse fit avec grace à la Reine l'aveu que la médiocrité de sa fortune s'était opposée à ce qu'elle eût le bonheur de paraître aux fêtes de Versailles et de porter le tribut de son admiration respectueuse aux pieds d'une souveraine adorée. Quelques hasards, une revue dans la plaine des Sablons, où se dévoila publiquement la vive amitié que la Reine avait conçue pour la comtesse Jules, apprirent aux courtisans qu'elle devenait l'objet de la plus haute faveur. La comtesse, dont aucun nuage n'avait pu altérer la gaîté paisible et l'enjouement, à qui l'adversité n'avait arraché aucune plainte, ne se laissa pas enivrer par la fortune qui venait la trouver, et elle y parut moins sensible pour elle-même que pour les avantages que sa nouvelle position devait procurer à sa famille. Elle voyait sans cesse arriver le terme des rares bontés dont la comblait la Reine ; mais elle l'envisageait sans effroi, et quelquefois avec satisfaction, parce que la fin de sa faveur devait la rendre au bonheur de vivre uniquement pour ses enfans et ses amis, dont l'éloignait, malgré ses efforts, le tourbillon qui l'entraînait.

Ennemie de la gêne et de l'étiquette, la Reine, avec un goût prononcé pour les plaisirs de son âge, et malheureusement beaucoup de légèreté dans le caractère, eût voulu jouir à la fois des splendeurs du trône et du bonheur paisible que l'on goûte dans la vie privée. Douée d'un cœur sensible et bienfaisant, facilement touchée au récit des maux d'un infortuné, elle se plaisait à rendre service, à laisser éclater les mouvemens de sa belle ame, et elle aimait à jouir du bien qu'elle avait fait. Elle recherchait avidement les douceurs de l'amitié, sans songer que ce sentiment ne pouvait exister long-temps sans égalité, et que l'éclat du rang et l'autorité de la puissance devaient tendre sans cesse à le détruire entre une souveraine et sa sujette. Elle oubliait que

la familiarité même pouvait nuire à sa considération, et que son maintien de reine qu'elle
reprenait nécessairement, soit par réflexion,
soit par conseil, devenait tout à coup une
disparate blessante dans une femme qui semblait ne demander à être adorée que par son
amabilité.

Telle était la Reine quand elle connut la
comtesse de Polignac; elle crut avoir rencontré cette félicité qu'elle cherchait avec ardeur, l'immense bonheur d'être aimée pour
elle-même, et elle se livra toute entière à sa
douce illusion. Elle éleva la comtesse jusqu'à
elle, voulut qu'on la considérât comme une
autre elle-même, et la rendit dépositaire de
ses plus secrètes pensées. La comtesse Jules
ne se prêtait qu'avec une sage circonspection
au développement d'une passion si attrayante,
mais si dangereuse à la cour; elle essaya
même de se retirer, et elle écrivit à la Reine
« pour lui peindre toute la douleur qu'elle
éprouvait d'être forcée de s'éloigner d'une
princesse si tendrement et si justement chérie;
mais elle éprouvait la crainte de voir, tôt ou
tard, s'affaiblir un attachement dont elle sen-

tait tout le prix, et d'être livrée, sans défense,
aux haines redoutables que lui aurait suscitées
une préférence aussi honorable. Elle ajoutait
quelques mots sur le malheur de sa fortune
qui ne lui permettait pas de vivre convena-
blement à la cour; mais ce n'était qu'une
considération tout-à-fait secondaire. » Jeune,
vive, passionnée dans tous ses goûts, la Reine
n'était pas d'humeur à supporter une contra-
diction qui portait sur le seul sentiment où
l'excès soit permis. La comtesse Jules eut un
appartement à Versailles, et le comte de Polignac la survivance de la charge de premier
écuyer, dont jouissait M. de Tessé, ainsi que
l'adjonction actuelle à cette fonction.

Cette faveur fut l'origine des calomnies qui
circulèrent à la cour contre la comtesse de
Polignac, d'où elles passèrent envenimées
dans les sociétés de Paris, et l'on y mêla trop
souvent le nom le plus auguste. La charge de
premier écuyer avait été promise par la reine
au duc de Lauzun, depuis duc de Biron, et
cette princesse ne voulut pas en disposer sans
avoir obtenu son consentement. Le duc de
Lauzun, profondément blessé, répondit ce-

pendant qu'un arrangement projeté par la Reine, ne pouvait en rien lui déplaire. La Reine crut devoir le dédommager de ce désapointement par les bontés dont elle l'honora dans l'intimité des petits appartemens. Entraînée par le désir de plaire, et forte du témoignage de son innocence, peut-être ne mit-elle pas assez de mesure dans ses déférences pour le duc de Lauzun, qui ne se piquait pas d'une scrupuleuse discrétion ; il se permit de feindre pour elle une romanesque passion ; il suivit la Reine en tous lieux, et se fit remarquer par de ridicules imprudences. Les ennemis de cette Princesse infortunée lui supposèrent les torts les plus graves, quant à peine avait-on à lui reprocher des légèretés. La comtesse Jules crut ne pouvoir se dispenser de faire entendre au duc de Lauzun combien il était coupable ; elle y mit beaucoup d'égards et de finesse ; mais le duc ne reçut ses observations qu'avec humeur, et se montra d'autant plus mécontent, que le duc de Coigny et le baron de Besenval l'avaient persiflé. Ils étaient tous les deux de la société intime de la Reine et de la comtesse.

Il n'est personne qui n'ait remarqué que les femmes, à qui les lois et les usages n'adjugent aucune part dans la législation de la société, si ce n'est le gouvernement intérieur et despotique de leur ménage, décident cependant du sort de presque tous les hommes, et souvent de celui des nations; arbitres d'autant plus dangereux, qu'elles n'affrontent aucun péril, ne sont responsables d'aucun évènement, ne semblent chargées d'aucune mission que de ramener partout la concorde et le bonheur, et que, cependant, pour se décider dans les questions les plus difficiles, elles ne choisissent d'autre guide, elles ne reconnaissent d'autre motif que leurs goûts, leurs passions, leurs caprices, et surtout leur amour-propre. L'ascendant invincible qu'elles prennent sur les hommes, les rend certaines de réussir en tout ce qu'elle entreprennent. Ce furent justement ces goûts, ces passions, cet amour-propre féminin, que des hommes, qu'une jeune Reine de vingt ans avait, inconsidérément peut-être, rapprochés d'elle dans sa société intime, imaginèrent de mettre en œuvre au profit de leur ambition. Ils songèrent à lui apprendre à gouverner, voulurent introduire son autorité dans l'administration de l'État, et cherchèrent à lui inspirer le désir de jouer un grand rôle. La renommée de Catherine II remplissait alors les deux mondes. Quel plus brillant modèle pouvait-on offrir à une spirituelle et charmante Princesse, si ce n'était l'impératrice de toutes les Russies? Il ne tenait qu'à sa volonté de devenir son émule, et de se rendre à jamais célèbre. L'indécision du caractère de Louis XVI lui en ouvrait les voies. Il ne s'agissait que de faire naître une occasion, où les talens et l'énergie de la Reine se manifesteraient dans tout leur éclat, par un éminent service rendu à la politique française, par un succès inattendu qui devait lui valoir l'enthousiasme et le respect des peuples, comme sa beauté lui en faisait déja des adorateurs. Ces ambitieux parvinrent à faire goûter leur projet à l'impératrice de Russie; ils lui demandèrent s'il ne lui conviendrait pas de laisser, après elle, le sceptre du monde aux mains d'une femme, dispensatrice, comme elle, des graces, des réputations et de la gloire. Le moyen leur en semblait facile : il

ne s'agissait que de déposer entre les mains
de la Reine, un traité avantageux à la France
et honorable pour la Russie, signé de l'Impératrice, et revêtu des formalités nécessaires.
Un acte de cette importance, cette marque
de haute confiance dans la sagesse et la prudence d'une aussi jeune Princesse, donnerait
certainement à la Reine des armes suffisantes pour qu'elle eût le courage de plaider,
devant le Roi et son conseil, une cause que
la présentation du traité eût rendue sans réplique. L'Impératrice reçut avidement les
propositions qui lui furent faites; elle donna
des pouvoirs sans limites à quelques-uns des
familiers de la Reine, et consentit à toutes les
conditions, si, par cette princesse, on pouvait obtenir une alliance indissoluble entre les
deux empires. Ces préliminaires arrangés, il
s'agissait de faire connaître à la Reine le plan
que l'on avait formé, et l'on eut recours à
l'influence de la comtesse Jules; mais après
avoir écouté ce vaste projet avec attention,
la Reine ne témoigna que de la surprise; de
si grands développemens l'étonnèrent; elle
n'approuva pas que l'on eût songé à lui faire

porter le sceptre de Louis XVI ; la frivolité
de son âge et de ses goûts se remontrèrent,
et cette longue et dangereuse négociation fut
anéantie par son insouciance. Par malheur
les élémens qui l'avaient composée, n'étaient
que séparés ; ils prirent d'autres formes et n'en
devinrent que plus nuisibles. On parvint à
inspirer à la Reine le désir de faire, et de défaire des ministres ; et ce qui pouvait devenir
une grande révolution d'État, ne fut désormais qu'une série de petites intrigues, qui ne
contribuèrent que trop à préparer de terribles évènemens.

La faveur de la comtesse Jules allait
toujours croissant. La Reine lui donnait
sans cesse les marques les plus positives de
son affection ; heureuse de se débarrasser du
fardeau de sa grandeur auprès de l'amie dont
elle avait fait choix, elle lui disait quelquefois,
lorsqu'elle s'apercevait que le respect arrêtait
les démonstrations touchantes, mais fami-
lières, du plus doux sentiment : « Chez vous,
« mon amie, je ne suis plus la Reine, je suis
« moi. » La comtesse, capable de beaucoup
de suite dans la conduite des affaires, osait

lui donner des conseils toujours bien accueillis, et semblait disposer entièrement du
crédit immense que cette Princesse avait sur
le roi. Le comte de Polignac ne tarda pas à
être créé duc.

Le comte d'Adhémar, le comte de Vaudreuil et le baron de Besenval, composaient la
société la plus particulière de la duchesse Jules. Des mémoires authentiques ont tracé leurs
caractères (1). Le comte de Vaudreuil était
un homme d'une violence extrême, fruit
d'un amour-propre sans mesure ; il ne remplissait aucune haute fonction où cet amour-
propre pût trouver un aliment, et il en re-
portait le despotisme sur les plus futiles objets des bienséances journalières. Le comte
d'Adhémar, jadis le grenadier Montfalcon,
élevé loin de la cour, était parvenu, à force
de persévérance, à se faire reconnaître comme
l'unique héritier d'un grand nom, et à se na-
turaliser dans cette difficile contrée ; il y avait
quelque chose de romanesque dans ses aven-

____

(1) Voyez les *Mémoires de Besenval, de Lauzun, de madame Campan, de Ségur, de Tilly ; les Souvenirs du duc de
Levis*, etc., etc.

tures, dans ses prospérités, dans ses manières ; il réussit auprès de la duchesse de Polignac, en se livrant, avec ostentation, au laisser-aller d'une passion profonde qu'elle lui aurait inspirée. Le baron de Besenval, officier de distinction, plaisait à la Reine par sa conversation piquante, et par une gaîté railleuse mêlée de flatteries, qui lui avait acquis un ascendant funeste sur l'esprit de cette Princesse, et qui contribuait malheureusement à lui aliéner des cœurs, dont sa bonté réelle devait la faire adorer. Tous les trois dirigeaient la duchesse de Polignac, elle les écoutait exclusivement, et si elle commit quelques fautes, ce n'est pas elle qu'on doit en accuser.

Louis XVI avait une confiance absolue dans les talens du comte de Maurepas ; mais la Reine n'aimait pas ce ministre qui eût sacrifié la France pour un bon mot, et dont les sarcasmes n'épargnaient personne. Attaché à sa place presque autant qu'à la vie, il craignait que l'amour du Roi pour la Princesse n'ébranlât le crédit dont il jouissait, en le reportant sur elle, et il n'omit rien pour l'abreuver de dégoût, et lui faire perdre toute

influence sur l'opinion. La duchesse Jules,
bien conseillée, conçut le projet de réconcilier la Reine avec ce ministre octogénaire, et
elle y parvint en obtenant qu'elle prononçât
quelques-unes de ces louanges délicates, qui
sont des faveurs sans prix dans la bouche
d'une souveraine. Ce rapprochement eut pour
résultat de faire nommer le marquis de Castries au ministère de la marine, et ce premier
succès inspira le désir de déterminer la Reine
à user désormais de son autorité personnelle,
et de l'empire qu'elle avait acquis sur l'esprit
du Roi, pour qu'il voulût bien la consulter
sur le choix de ses ministres. Il était vivement
question, dans ce moment, de retirer au
prince de Montbarey le portefeuille de la
guerre. La duchesse de Polignac proposa à la
Reine de le faire donner au marquis de Ségur,
que sa valeur et sa loyauté rendaient recom-
mandable à toute la France. La Reine consentit à faire valoir, près du Roi, les titres de
cet honorable guerrier, et la duchesse se
chargea de le préparer à recevoir cette faveur.

Les vœux de la duchesse Jules se trouvaient,
sans doute, d'accord avec ceux de l'opinion

publique ; mais elle ne songeait pas uniquement dans cette affaire au marquis de Ségur et aux avantages qui devaient résulter, pour l'Etat, de son élévation au poste éminent de ministre de la guerre. Tendrement attachée au comte d'Adhémar, elle avait pensé qu'elle pourrait aisément l'adjoindre au ministère, et qu'elle le rapprocherait ainsi d'un poste qu'il lui serait facile d'occuper un jour. Remplie de cette idée, elle alla trouver le marquis de Ségur, lui fit part des intentions de la Reine, et lui dit avec beaucoup de grace, que les blessures graves qu'il avait reçues, et qui nécessairement avaient détruit une partie de ses forces, ne devaient pas cependant influer sur son acceptation ; car, si sa santé chancelante ne lui permettait pas de supporter un trop grand travail, elle avait à lui proposer, comme adjoint, un homme plein d'admiration pour lui et doué d'un talent que, sans doute, il appréciait, le comte d'Adhémar. Le marquis de Ségur fut loin d'admettre cette proposition. Il répondit qu'il rendait justice au comte d'Adhémar, mais que si telle était la condition de sa nomination au ministère de la guerre, il se hâtait de déclarer qu'il y renonçait. La duchesse reconnut qu'elle s'était trop avancée. Elle s'empressa de lui dire que sa nomination n'était nullement conditionnelle ; qu'elle seule, par attachement pour lui et dans son intérêt personnel, avait imaginé que le comte d'Adhémar pourrait lui être de quelque secours ; mais qu'elle n'en avait parlé à personne et qu'il n'en serait plus question.

Le comte de Maurepas aimait et estimait le marquis de Ségur ; mais la comtesse de Maurepas le détestait, et elle eut assez d'influence sur l'esprit du comte pour qu'il lui promît d'essayer, au moyen du Roi, de faire revenir la Reine de l'opinion favorable au marquis de Ségur, qu'elle avait manifestée. Le Roi et son premier ministre parvinrent, en effet, à persuader à la Reine qu'on l'avait trompée, et que la duchesse de Polignac abusait de l'ascendant qu'elle lui avait permis de prendre sur ses affections. La Reine se laissait souvent entraîner au premier mouvement. Dans un moment d'exaspération, elle voulut avoir une explication avec la duchesse ; elle lui fit, sans ménagement, les reproches les plus amers et les plus offensans, et se plaignit d'avoir été mise en avant et sacrifiée à des vues particulières. Naturellement douce, et peut-être même apathique, la duchesse de Polignac parvint à maîtriser l'émotion cruelle que lui causaient les plaintes de la Reine et la véhémence qui accompagnait ses paroles. Elle repoussa respectueusement les propos de la colère par l'expression d'une raison toute puissante, et se levant enfin, elle termina en lui disant que, puisque la Reine avait, en effet, conçu d'elle et de ses actions l'opinion que S. M. venait de lui exprimer, il ne pouvait plus convenir à ce qu'elle se devait à elle-même de lui rester attachée, qu'elle allait quitter la cour pour jamais, et que son caractère ne lui permettant pas de conserver les bienfaits dont la Reine l'avait comblée, elle la suppliait de les reprendre tous, jusqu'à la charge de son mari, qui, certainement, ne désavouerait pas la démission qu'elle donnait en son nom. La Reine fut surprise du ton noble et froid de la duchesse de Polignac; elle avait agi sans trop de réflexion sur les suites de son emportement; elle vit à l'instant

l'étendue de la perte qu'elle allait faire, et re-
trouva dans sa force le sentiment de la vive
amitié qui l'unissait à la duchesse, à laquelle,
d'ailleurs, elle était engagée par les liens d'une
confiance sans bornes et tout ce que peut
amener l'effusion de cœur qu'elle produit. Elle
reprit un ton plus doux ; elle voulut revenir
sur la dureté de ses expressions ; elle les expliqua, elle chercha enfin à réparer le mal
qu'elle venait de faire. Ce fut long-temps en
vain. La duchesse, inébranlable, se renfermait dans les limites du respect dû à la Reine,
mais accompagné d'un air de froideur fait
pour désoler cette princesse, dont l'affliction
redoublait par la résistance même que son
amie opposait à ses empressemens. Cette situation violente ne pouvait durer ; les larmes
inondèrent le visage de la Reine, et, dans sa
douleur, elle finit par se jeter aux genoux de
la duchesse de Polignac, la conjura de lui
pardonner, et lui dit tout ce que lui inspiraient l'amitié la plus tendre et le regret de
l'avoir offensée. A cet aspect touchant, la
duchesse perdit sa fermeté ; à son tour elle
laissa couler ses larmes, serra respectueuse-

ment la Reine dans ses bras, et lui parla avec le ton de vérité et d'attachement qui la rendait si précieuse à sa souveraine. Les nœuds de leur amitié se resserrèrent, et la Reine prit la détermination de protéger, plus que jamais, le marquis de Ségur. Peu de temps après, le prince de Montbarey donna sa démission ; les intrigues se multiplièrent ; on n'osa nommer à l'instant un ministre de la guerre, et le comte de Vergennes en eut le portefeuille par intérim. Mais la duchesse de Polignac et ses amis parvinrent à faire concevoir à la Reine qu'il serait humiliant pour son caractère que le comte de Maurepas l'emportât sur elle en cette occasion, et elle se détermina à employer, pour réussir, tous les moyens de séduction qu'elle pouvait avoir sur le Roi. Ils eurent du succès ; et, comme l'idée de succomber avait blessé l'amour-propre de la Reine, dès le lendemain matin, à sept heures, elle envoya chercher le comte de Maurepas, et lui dit, devant le Roi, qu'elle insistait pour que le marquis de Ségur fût nommé ministre de la guerre ; qu'il était seul capable de produire le bien dans cette fonc-

tion difficile, et que ce motif seul la détermi-
nait à parler si nettement au Roi en sa faveur.
Le comte de Maurepas se trouva embarrassé ;
il était trop courtisan pour se prononcer ouvertement contre le protégé de la Reine ; le
peu d'objections qu'il osa faire fut aisément
battu en ruines ; et la Reine, voyant son auguste époux favorablement disposé, dit au
ministre : « Envoyez tout de suite chercher
« M. de Ségur et annoncez-lui la volonté du
« Roi que vous avez entendue. » Ce fut ainsi
que parvint au ministère un homme cher à
l'armée, à la France et à la cour.

On présumera facilement que l'intimité
sans partage que la Reine avait exigée de la
duchesse de Polignac, eût cédé bientôt au
souvenir de la scène cruelle qui s'était élevée
entre les deux amies, si la société de choix
qui les entourait n'eût été composée de personnes assez sûres pour que rien de ce qui se
passait dans son intérieur ne transpirât. La
Reine continuait à combler la duchesse Jules
des attentions les plus recherchées, lorsque le
prince de Rohan Guémené fut entraîné, soit
par l'infidélité de ses agens, soit par l'impru-

dence de ses spéculations, dans une désastreuse faillite. Le passif de son bilan s'élevait à plus de trente-trois millions. La princesse de Guémené remplissait alors la charge de gouvernante des enfans de France. Elle déploya dans son malheur le plus noble caractère, abandonna sa dot et ses diamans aux créanciers de son mari, et déclara d'elle-même à la Reine que sa position nouvelle ne lui permettait plus de paraître à la cour. Après quelques louanges accordées à sa généreuse détermination, il fut question de la remplacer, et les conseils de la duchesse de Polignac pensèrent que la charge qu'abandonnait la princesse de Guémené convenait particulièrement à l'amie de la Reine. On lui en parla, mais elle parut, dès l'abord, effrayée de la gêne et de l'assiduité qu'exigeaient de telles fonctions. Ce qu'elle désirait au monde, c'était la paix que l'on goûte dans une vie retirée ; le rôle même de favorite la fatiguait, et elle n'apercevait pas sans terreur la chaîne pesante dont on lui proposait de se charger, et qu'aucune faveur ne pouvait alléger. Cependant, à force d'entendre dire qu'elle était destinée à l'emploi de

gouvernante des enfans de France, elle fut
blessée de voir que l'on s'en entretenait partout, sans que la Reine lui eût témoigné le
désir qu'elle acceptât cette fonction. Il était
évident, pour elle, que le vif sentiment qu'elle
avait inspiré à sa souveraine était bien refroidi.
Le baron de Besenval se chargea d'en parler
à la Reine, et il essaya de lui persuader qu'un
autre choix laisserait croire qu'elle n'avait
pas assez de crédit pour faire accorder cette
grande place à la femme que l'on regardait
comme sa plus sincère amie : « Que dites-
« vous, répliqua la Reine, Madame de Poli-
« gnac? Mais la connaissez-vous bien? Vou-
« drait-elle accepter cette place? ne m'a-t-
« elle pas refusé toutes celles que j'ai voulu
« lui donner près de moi?—Celle-ci est toute
« de confiance et bien différente des charges
« de cour. Votre Majesté dégraderait son
« sentiment si elle ne l'offrait pas à son amie,
« dût-elle en être refusée (1).—Non, reprit
« la Reine; cela n'est pas encore mûr. » Le
lendemain la duchesse de Polignac fut ins-

---

(1) *Mémoires du baron de Besenval*, tom. II, p. 275.

12

truite de la démarche du baron de Besenval : « Ah ! dit-elle avec agitation à ses amis et aux « parens qui l'entouraient, je vous hais tous « à mort ! vous voulez me sacrifier !.... » La Reine, cependant, mit tant de grace et de sensibilité à lui offrir cette place importante, qu'elle ne put la refuser.

La position de la duchesse de Polignac était difficile ; o n lui supposait un crédit immense, et ses an iis ne perdaient pas un instant pour l'engager à en faire usage ; aussi son nom est-il prononicé dans le récit de toutes les intrigues mini stérielles de cette funeste époque, où l'on se précipitait étourdiment vers l'abîme que creusait, sans cesse, l'embarras toujours croissant des finances. Il était si grand, dès l'année 1783, qu'en cherchant de toutes parts des ressources ou des palliatifs, le contrôleur-général imagina de déclarer qu'on ne ferait pa s honneur aux lettres-de-change tirées des colonies pour le service de la marine. On songea ensuite à former un comité particulier des fina nces, où toutes les affaires de ce genre seraient rapportées, et où l'on déciderait des nouvelles graces à accorder et des nouvelles dépenses à effectuer. Le comte de Vergennes, ministre des affaires étrangères, le garde-des-sceaux Hue de Miromesnil, et le contrôleur-général Joly de Fleury, devaient le composer. Le Roi l'approuva; mais le sens droit du malheureux monarque lui fit deviner que cette mesure, loin de remédier au mal, n'aurait d'autre résultat que de blesser des amours-propres, et il ne manqua pas d'ajouter à l'approbation qu'il donnait, les mots : *pour quelque temps.* Tout n'était pas fait encore, il y manquait l'adhésion de la Reine; et son consentement semblait nécessaire pour le succès d'une entreprise qui ne pouvait que déplaire à la plupart des ministres à département. Le comte de Vergennes fit nommer le comte d'Adhémar à l'ambassade d'Angleterre; on connaissait l'influence dont il jouissait sur les déterminations de la duchesse de Polignac, et par cette complaisance, on s'assura qu'elle ne voudrait plus que ce qui convenait aux promoteurs de l'intrigue. Trompée, sans doute, sur les avantages de cette création, elle promit d'en parler à la Reine, et choisit, pour remplir son engagement, une époque du carnaval où cette princesse, occupée de bals, livrée à la dissipation, à son goût pour le plaisir, ne se prêtait qu'en riant aux affaires de gouvernement. Elle réussit ; mais Joly de Fleury, bientôt sans crédit et sans espérance d'en recouvrer, se vit forcé de déclarer l'impuissance où il se trouvait de remplir les caisses du trésor. Il fut remplacé par le contrôleur-général d'Ormesson qui ne sut ni créer des ressources, ni ramener la confiance publique qui s'était écartée des affaires de l'Etat ; et cependant les difficultés, les dégoûts qu'avait fait naître l'établissement du comité particulier des finances, portaient alors leurs fruits empoisonnés. Le comte de Ségur et le marquis de Castries, mécontens d'une mesure qui leur avait ravi les plus importantes attributions de leurs ministères, se plaignaient hautement et présentaient leur démission. On les fit maréchaux de France pour les apaiser, et ce fut la duchesse de Polignac qui se chargea de ménager cet accommodement. Ces faveurs portaient sur deux personnes dignes de les obtenir ; mais elles ne ramenèrent pas de fonds au trésor ; et le comité, dans son embarras, prit la désastreuse détermination d'ordonner que les billets de la caisse d'escompte seraient désormais forcément reçus comme comptant dans le commerce. Ce n'était pas un bon moyen d'assurer leur valeur.

Le renvoi du contrôleur-général d'Ormesson et le choix de M. de Calonne pour le remplacer ne furent pas étrangers à la duchesse de Polignac. M. de Calonne se hâta de détruire le funeste comité des finances, dont l'existence ne comptait pas encore huit mois. Ce nouveau ministre avait de l'esprit, de l'instruction, de la grace ; il eut des succès à la cour. Les embarras du trésor loin de l'effrayer, ne lui présentaient que des obstacles faciles à vaincre et de la gloire à acquérir. Ses premières opérations semblèrent avoir ranimé le crédit ; les ressources se montraient abondantes, mais on en abusa. Les dépenses étaient exorbitantes ; il fut question de pourvoir, par de grandes mesures, à l'acquittement des dettes de l'Etat, et l'assemblée des notables fut convoquée.

L'abbé de Vermont, le premier instituteur

de la Reine, avait conservé sa faveur auprès d'elle, et les conseils qu'il se permettait de lui donner avaient d'autant plus de poids qu'ils paraissaient inspirés par son affection particulière, sans mélange d'intérêt personnel. Il était loin d'aimer la duchesse de Polignac, et, d'accord avec l'archevêque de Toulouse, depuis cardinal de Loménie, il avait tout osé pour la perdre dans l'esprit de la Reine. Ils étaient enfin parvenus à détruire cette confiance sans bornes que la Reine marquait à la duchesse; ils avaient amené dans leur liaison du froid et de la réserve; et si la Reine parlait encore d'objets importans à son ancienne amie, elle ne la consultait plus sur ce qu'elle devait faire, et ne l'entretenait des grandes opérations d'Etat que lorsqu'elles étaient arrêtées ou terminées.

La convocation de l'assemblée des notables avait fait concevoir des alarmes à cette princesse, et elle s'était indignée d'avoir été appelée assez tard à la confidence de cette mesure. Mécontente du contrôleur-général dont elle avait, naguère, tant apprécié la spirituelle prodigalité, elle n'accueillit que par

son silence les éloges que donnaient à M. de
Calonne la duchesse de Polignac et ses amis.
Bientôt après elle partagea complètement l'a-
vis de l'abbé de Vermont, et pensa que, pour
le salut même des finances , il était nécessaire
de sacrifier l'auteur des projets qui, disait-on,
pouvaient l'opérer. M. de Calonne, forcé de
donner sa démission, fut remplacé par l'archevêque de Toulouse, qui prit le titre de
chef du conseil des finances, et les réformes
en tout genre commencèrent. Il était natu-
rel qu'elles portassent en partie sur les anciens
protégés de la Reine, qui se trouvaient en effet
très favorisés ; mais l'archevêque de Toulouse
profita peut-être de la nécessité générale pour
satisfaire ses inimitiés particulières, et la Reine,
qui avait contribué à l'élévation de l'archevêque, se vit contrainte, pour soutenir son
ouvrage, de demander elle-même au duc de
Polignac sa démission des fonctions de direc-
teur-général des postes aux chevaux, que le
nouveau chef du conseil voulait réunir à l'administration des postes aux lettres. Le duc,
avant de céder, supplia la Reine de lui procurer un entretien particulier devant elle avec

l'archevêque, et, l'ayant obtenu, il démontra, dit-on (1), par des raisons sans réplique, combien peu cette réunion profiterait à l'Etat. Après avoir réduit le ministre au silence, il donna sa démission. Il perdait à cela cinquante mille livres de rentes.

Cependant la faiblesse et la versatilité des combinaisons financières et politiques de l'archevêque de Toulouse, devenu archevêque de Sens, avaient fini par l'entraîner dans les mesures les plus désastreuses. Il montra toute sa détresse en déclarant, par un édit signé du Roi, que le paiement des rentes ne se ferait désormais que par deux cinquièmes en numéraire, et trois cinquièmes en billets du trésor, portant cinq pour cent d'intérêt. Il est difficile d'imaginer l'indignation qui éclata de toutes parts. On ne parlait que de banqueroute. L'effroi semblait général ; et déja la capitale se trouvait dans cet état d'effervescence populaire qui annonce les révolutions. L'année 1788 était écoulée à moitié. La duchesse de Polignac, épouvantée de l'avenir

---

(1) *Mémoires du baron de Besenval*, tom. II.

qui se préparait, usa de la liberté qu'une saine raison et une respectueuse intimité lui permettaient de prendre avec le comte d'Artois, pour déterminer ce prince à éclairer le Roi sur l'état alarmant de l'opinion. Il s'agissait également d'arracher la Reine à ses préventions, constamment favorables au principal ministre. Cette démarche du Prince, dictée par le devoir, et une conversation touchante suivie avec force et tendresse, ébranlèrent la Reine; elle consentit au renvoi de Brienne et à la nomination de Necker, auquel elle écrivit une lettre affectueuse. Un mouvement général de bienveillance publique se manifesta en faveur de cette Princesse; mais la promotion de l'archevêque au cardinalat, et quelques graces particulières qu'elle accorda sans réflexion, la lui ravirent en peu de temps.

La révolution était commencée, et rien ne fut épargné pour écraser la Reine sous le poids de l'animadversion la plus acharnée. Nous n'entrerons dans aucun des détails de ces jours de sang et de larmes; ils pèsent encore sur la France, et il nous suffira de dire que la duchesse de Polignac, atteinte de la même proscription qui s'attachait aux personnes les plus augustes, fut accusée d'avoir, par ses conseils et ses déprédations, causé la plupart des maux dont on se plaignait à grands cris. On ne saurait dire à quel point se porta le déchaînement public contre une femme aimable, dont le calme et la douceur dégénéraient même en nonchalance; mais on voulait la trouver coupable, parce qu'on cherchait des crimes à la Reine. On alla jusqu'à l'accuser de ces honteuses passions que la Grèce antique reprochait aux disciples de Sapho, et que des juges prévenus, ou, pour mieux dire, des commissaires, attribuèrent à la maréchale d'Ancre quand on voulut la conduire à l'échafaud. La duchesse de Polignac n'aurait pas même, comme l'infortunée Galigaï, pu s'attribuer le droit d'un esprit vaste et ferme en ses desseins; son cœur, noble et doux, avait toute la faiblesse de son sexe, et ses fautes personnelles, s'il lui en échappa, ne compromirent jamais le sort de l'Etat.

Mais les fureurs populaires la proscrivirent dès la première année de la révolution; et,

au mois de juillet 1789, elle quitta la France
avec le duc de Polignac, la comtesse Diane,
sa belle-sœur, la duchesse de Guiche, sa fille,
le comte d'Artois, le prince de Condé, et
leurs enfans. La Reine, revenue de quelques
préventions contre son ancienne amie, lui
donna des marques du plus tendre intérêt.
Cette auguste et malheureuse princesse ne
voyait pas encore que tant d'éclat et de puissance allaient se terminer par le sort le plus
douloureux et le plus digne d'éternels regrets.
Aussi long-temps qu'il lui fut possible, elle
conserva une correspondance touchante avec
la gouvernante du Dauphin, et le Roi lui-
même lui écrivait qu'il ne serait heureux que
lorsqu'il se retrouverait avec ses anciens amis.
La duchesse ne put survivre à cette cruelle
séparation et aux nouvelles affreuses qui
vinrent l'accabler dans sa retraite. Sa santé,
déja chancelante, devint déplorable après la
mort de Louis XVI; mais quand elle apprit
celle de la Reine, elle se sentit frappée du
coup qui l'avait privée de cette auguste amie,
et cependant elle ne connut jamais l'épouvantable destinée de cette princesse si belle

jadis si adorée ! Elle mourut consumée de douleur, le 9 décembre 1793, âgée de quarante-quatre ans. Ses restes reposent à Vienne, en Autriche.

Parmi les faveurs dont Louis XVI avait comblé le duc Jules de Polignac, on n'omettra pas le titre de gouverneur et la jouissance du château de Chambord. Cette magnifique propriété royale, concédée par Louis XV au maréchal de Saxe et au comte de Frisen, son neveu, avait fait retour à la couronne en 1783. Le duc l'administra jusqu'en 1789, et le souvenir du bien qu'il y avait fait s'est long-temps conservé dans le cœur des habitans des terres voisines.

C'était le 16 juillet 1789, que le Roi, les yeux pleins de larmes, avait dit au duc et à la duchesse de Polignac, en leur prescrivant de quitter la France : « Je viens d'ordonner au « comte d'Artois de partir. Plaignez-moi ; « comptez sur moi dans tous les temps ; je « vous conserve vos charges. » Un prompt départ était, en effet, nécessaire ; car déja le comte Armand de Polignac, à peine âgé de dix-huit ans, ayant eu l'imprudence de se

prononcer au milieu d'un rassemblement populaire, dans le jardin du Palais-Royal, avait
vu tourner contre lui les fureurs des énergu-
mènes, et ne devait son salut qu'à la présence
d'esprit et au courage du jeune Sombreuil,
son ami.

Le duc de Polignac avait deux fils et une
fille : le comte Armand-Jules-Marie-Héraclius, né en 1771; le comte Jules-Auguste-
Armand-Marie, né en 1780; et la duchesse
de Guiche. En 1790, le comte Armand
épousa, en Italie, Ida-Johanna-Seina de Nivenheim, fille du baron de Nivenheim, riche
capitaliste hollandais. La jeune comtesse était
née à Batavia, dans l'île de Java. Sa grace et
ses vertus jetèrent quelque adoucissement à
travers la douleur profonde qui consumait
lentement les jours de la duchesse Jules; mais
l'adversité continuait à s'apesantir sur cette
famille, et les évènemens qui amenèrent la
conquête de la Hollande ravirent au baron
de Nivenheim la totalité de sa fortune. L'impératrice de Russie, Catherine II, apprit les
malheurs du duc de Polignac; elle voulut y
remédier, et elle chargea le comte Potowski,

son ambassadeur à Vienne, de lui offrir, en son nom, un asile dans ses Etats, et des terres considérables au centre de l'Ukraine. Le duc accepta les utiles propositions de l'Impératrice, et se mit en voyage vers la fin de 1795, accompagné de ses deux fils, de la comtesse Armand, de la duchesse de Guiche, et de l'enfant en bas-âge de cette dernière. La terre concédée au duc de Polignac était d'une grande étendue, mais située au milieu des forêts et dans une contrée presque sauvage. L'habitation dont il fallait faire provisoirement sa résidence, était une cabane dans un état presque aussi misérable que toutes celles qui l'entouraient, et qui composaient le village des esclaves devenus sa propriété. A peine s'y trouva-t-il à l'abri des injures de l'air; tout lui manquait dans ce pays désert, jusqu'aux meubles les plus communs et les plus nécessaires. Le duc et sa famille se félicitèrent, toutefois, d'échapper, dans cette solitude, aux orages politiques; ils allaient s'y trouver tranquilles, sinon satisfaits, et ils pouvaient y attendre des temps meilleurs, à l'abri des plus poignantes adversités. Lorsque Paul Ier succéda à l'impératrice Catherine, il s'intéressa vivement au sort du duc de Polignac. Plus généreux que sa mère, il témoigna le désir d'améliorer sa position, et lui fit présent d'une starostie dans les provinces lithuaniennes qui dépendaient jadis de la Pologne. L'empereur Alexandre augmenta encore cette donation, et conféra des lettres de naturalisation au duc et à ses enfans. Ils y passèrent quelques années, et, nonobstant les bienfaits des souverains de la Russie, ils y éprouvèrent ces privations pénibles et de tous les momens, qui paraissent si cruelles aux personnes accoutumées dès l'enfance à toutes les recherches du luxe. La comtesse Armand, qui avait vu le jour sous le climat brûlant des Indes orientales, souffrait infiniment de l'air humide et froid de la Lithuanie. La santé de la duchesse de Guiche était également très altérée; et le duc de Polignac consentit à se séparer de ses enfans, qui prirent la résolution de se rendre à trois cents lieues de leur demeure, aux eaux de Pyrmont, près de Munster, en Westphalie. Le comte Armand avait fait avec honneur les campagnes des Princes, à la tête du régiment de hussards qui portait son nom ; fatigué, peut-être, de son inaction et des nouveaux soins qu'il s'était donnés comme agriculteur, il voulut accompagner sa femme, et le comte Jules se détermina en même temps à suivre sa sœur, dont la fille avait alors douze ou treize ans. Ils passèrent six mois à Munster, dans les années 1801 et 1802. La comtesse Armand, informée des évènemens qui rendaient à la France la paix intérieure, conçut l'espoir d'y recouvrer quelques débris de son immense fortune. Son père s'était fixé à Paris ; il la rappelait près de lui. Elle n'hésita pas à le rejoindre ; mais il fallut qu'elle se séparât du comte Armand, compris dans les restrictions du décret d'amnistie relatif aux émigrés, ou que son attachement à la cause royale éloignait de tout rapprochement avec ses ennemis. La duchesse de Guiche partit, peu de temps après, pour l'Angleterre. Parente et amie de la duchesse de Devonshire, elle voulait lui présenter sa fille, que la noble Anglaise promettait de marier et de doter magnifiquement. Ses deux frères l'accompagnèrent dans ce voyage, et leur premier soin

fut de se rendre près du Roi et de MONSIEUR,
afin de renouveler à ces augustes exilés leurs
protestations d'amour, de respect et de dévouement. Le mouvement monarchique imprimé par Bonaparte à la masse de la nation
française remplissait alors de joie tous les
cœurs des émigrés ; ils nourrissaient l'espoir
que ce guerrier n'attendait qu'un moment pro-
pice pour se déclarer en faveur des Bourbons et les rappeler au trône de leurs ancêtres. La duchesse de Guiche conçut l'idée
de hâter, avec adresse, la détermination du
premier consul. Elle se rendit en France, et
pénétra facilement auprès de Joséphine,
qu'elle enchanta par ses graces et son esprit.
Invitée à déjeûner à la Malmaison, elle parla
de manière à se faire écouter avec intérêt, et
de Londres et des usages anglais, et de l'émigration et des Princes. Elle avait vu le comte
d'Artois peu de jours avant son départ ; la
conversation tenue devant ce prince avait eu
pour objet les gloires immenses des généraux
français et celle du premier consul qu'on élevait sur toutes les autres. Une personne avait
alors demandé à MONSIEUR ce que l'on ferait

pour Napoléon Bonaparte s'il rétablissait les
Bourbons. « D'abord, avait répondu le Prince,
« on lui donnerait l'épée de connétable et tout
« ce qui s'ensuit, si cela lui plaisait; mais
« nous ne croyons pas que ce fût encore as-
« sez, nous élèverions sur le Carrouzel une
« haute et magnifique colonne, sur laquelle
« serait la statue de Bonaparte couronnant
« les Bourbons (1). »

Cette insinuation fit tout son effet sur l'esprit de Joséphine. Elle ne manqua pas d'en
entretenir son époux, qui lui répondit :.
« Cette colonne aurait pour piédestal le ca-
« davre du premier consul. » Et la nuit suivante, la duchesse de Guiche reçut l'ordre
de quitter Paris.

Une épouvantable catastrophe attendait en
Angleterre cette femme charmante. Elle se
rendait un jour de Londres à Edimbourg, avec
sa fille et ses frères, par un temps très froid;
les voyageurs s'arrêtèrent à une auberge où
ils devaient dîner, et firent allumer un brasier

____

(1) *Hist. des Emigrés*, par Antoine de Saint-Gervais, tom.
II, p. 354.

dans une chambre. Les comtes Armand et
Jules allèrent examiner l'état de leur voiture
au fond d'une cour, et la duchesse sortit un
moment de sa chambre où sa fille resta seule.
La malheureuse mère y fut bientôt rappelée
par les cris déchirans de son enfant. Elle la
trouva tout en feu, se précipita sur elle, et
fut en un instant embrasée elle-même dans
les efforts qu'elle fit pour sauver sa fille, sans
songer à sa propre sûreté. Ses frères accou-
rurent aux cris redoublés qui les frappèrent,
et virent les infortunées se débattre au milieu
des flammes qui les dévoraient. On peut juger
de la douleur qui les saisit à cet affreux spectacle ! Les secours qu'ils apportaient étaient
trop tardifs. Ces deux êtres, dignes d'un meil-
leur sort, expirèrent, peu de jours après,
dans des souffrances intolérables. L'Angleterre et la France versèrent des larmes sur
leurs cendres.

Après avoir accompli de douloureux devoirs envers les restes insensibles de leur sœur
et de leur nièce, si prématurément et si cruel-
lement enlevées à leur tendresse, les comtes
Armand et Jules se rendirent près du Roi et

de MONSIEUR, et cherchèrent des consolations dans le dévouement et la fidélité. Le duc de Polignac, toujours en Russie, sentit le besoin de leur présence pour sécher les pleurs qu'il ne cessait de répandre sur le sort de sa fille, et il les pressa de le rejoindre. Le comte Armand n'hésitait pas à retourner près de son père, mais il voulait y conduire la comtesse sa femme, et, s'étant clandestinement embarqué pour la France, il parvint à se ménager une entrevue avec elle, dans une campagne voisine des côtes. Les affaires qui la retenaient à Paris n'étaient pas encore terminées ; elle était occupée du recouvrement de plusieurs créances et de suivre la liquidation d'un intérêt dans l'ancienne caisse d'escompte. Le comte Armand revint donc en Angleterre, et il alla de nouveau offrir ses services au Roi et aux Princes. A cette époque, le bruit qu'une nouvelle révolution était au moment de s'opérer en France avait acquis, en Angleterre, la plus grande consistance. « L'opinion était totalement préparée, disait-on, au retour d'un gouvernement monarchique, et les républicains les plus prononcés renonçaient à

renouveler des essais démocratiques que l'é-
chafaud seul avait accueillis. Dès que l'on
songeait à relever le trône, il était hors de
doute qu'on ne voulût le rendre aux Bourbons, et Bonaparte, mieux éclairé, semblait
lui-même disposé à seconder enfin cette ten-
dance des esprits. » Le comte d'Artois s'en en-
tretint avec Armand de Polignac, et lui proposa de retourner en France, afin de s'assurer de la véritable disposition du peuple, des
troupes et des autorités. Cette mission était
extrêmement dangereuse; le comte Armand
n'ignorait pas à quel péril il s'exposait, comme
membre d'une famille proscrite; mais le véritable dévouement ne calcule pas les difficultés.
Le comte Jules voulut partager le sort de son
frère.

La mission des comtes Armand et Jules de
Polignac coïncidait avec une conspiration
préparée pour le renversement du gouvernement des consuls et contre la personne même
de Bonaparte. Georges Cadoudal et Pichegru
étaient les deux centres où cette intrigue
aboutissait.

Pichegru, jadis général de la république

française, et déporté, par le directoire, à
Cayenne, s'était échappé de cette colonie, et,
ayant trouvé un asile en Angleterre, il y avait
nourri des sentimens de vengeance qui ne de-
mandaient qu'une occasion pour éclater. Accueilli par les Princes, il leur communiqua le
projet qu'il avait formé pour renverser Bonaparte; mais il lui semblait nécessaire au
succès qu'un général français, non suspect à
l'opinion qu'il fallait ménager, se mît, dans
les premiers momens, à la tête de l'entreprise.
Il avait jeté les yeux sur le général Moreau.
Il connaissait ses talens et sa haute réputation
militaire, et il savait aussi combien le caractère politique de ce guerrier était noyé de
faiblesse. Moreau jouait le rôle de mécontent.
Pichegru se saisit de cette circonstance,
trouva les moyens de l'exaspérer encore, et
commença des relations avec lui par l'inter-
médiaire du général Lajolais, son ancien aide-
de-camp. Ce Lajolais était du nombre des
enthousiastes qui s'étaient empressés de faire
entendre aux Princes que tout se préparait,
en France, pour le rappel des Bourbons, et
qui les en avaient tellement convaincus, que

les Princes, enchantés de ce prochain avenir, concevaient à peine qu'il pût exister encore des difficultés.

Georges Cadoudal, ancien chef de chouans, se fiait beaucoup moins aux négociations d'une intrigue militaire qu'à sa force corporelle et à sa propre résolution. Il réunit un certain nombre d'hommes dévoués, les arma de poignards, et, avec l'intention de favoriser les mouvemens de la conjuration de Pichegru, il n'en mûrit pas moins en lui-même le projet de se défaire de Bonaparte, si Pichegru ne réussissait pas.

Tous ces conspirateurs étaient au moment de passer en France à l'époque où les comtes Armand et Jules cherchaient à s'y rendre pour obéir aux ordres du comte d'Artois. Th. Right, capitaine anglais, mit à leur disposition le cutter qu'il commandait. Trois voyages furent nécessaires. Georges et Pichegru firent partie du premier convoi, Armand de Polignac du second, avec le marquis de Rivière et le major de Rusillion, Jules de Polignac du troisième.

L'année 1804 était commencée. Les conjurés perdirent quelque temps à se mettre en relation avec les affidés auxquels ils devaient se réunir; mais enfin Pichegru, Georges et Moreau eurent, à Chaillot, des conférences très importantes. Le projet dont on fit part au général Moreau consistait d'abord à entourer la personne du premier consul, à l'enlever et à le transporter en Angleterre. On espérait ensuite déterminer les armées à se déclarer pour le retour au gouvernement des Bourbons, au moyen de l'influence que Moreau et Pichegru devaient avoir sur elles. Dans le cas où l'enlèvement de Bonaparte eût été impossible, on se serait entendu pour opérer un mouvement dans Paris. Ce mouvement eût été soutenu par la présence d'un des Princes; une attaque de vive force contre le premier consul aurait mis sa personne à leur disposition; le général Moreau eût alors présenté le Prince aux armées, et ses proclamations auraient annoncé l'arrivée prochaine du Roi et sa prise de possession du trône de ses ancêtres. On paraissait si peu douter du succès, que l'on avait indiqué jusqu'aux principes qui devaient régner dans la proclamation du

général Moreau, dont le but était de prouver
que la seule coopération du Roi pouvait
mettre fin à la tyrannie qui pesait sur la France
et l'étranger. Il était essentiel d'y faire entrevoir un bonheur commun aux mécontens de
tous les partis; la devise en était : Paix et
liberté pour la France et pour le monde entier; et l'on recommandait la plus grande discrétion dans les expressions relatives au passé,
afin de ne pas réveiller les terreurs des personnes que devait nécessairement effrayer l'i-
dée d'une révolution nouvelle. On insistait
pour que les conjurés s'emparassent, sans délai, du trésor, où l'on devait trouver les ressources nécessaires et le nerf réel de l'action.

Mais l'indécision du caractère de Moreau
était précisément l'obstacle contre lequel devaient échouer Georges et Pichegru. Ce général parut d'abord mécontent de discuter
d'aussi graves intérêts en tiers avec Georges,
qui proposa de se retirer si son absence devait
amener plus de liberté dans la discussion. Le
résultat de la conférence ne produisit que de
fâcheuses incertitudes. Moreau refusait de se
mettre à la tête d'un mouvement en faveur

des Bourbons, parce qu'il ne leur croyait pas, disait-il, assez d'énergie, et que les reproches, bien ou mal fondés qu'on leur avait faits pendant la révolution, n'étaient pas encore suffisamment oubliés. Il trouvait bon, toutefois, que les conjurés usassent de leurs moyens pour faire disparaître les consuls et le gouverneur de Paris. Dans ce cas, il croyait avoir au sénat un parti assez puissant pour se faire revêtir de l'autorité sous le nom de dictateur, ou tout autre, et ses premières mesures auraient eu pour objet de mettre à couvert de toute poursuite Pichegru, Georges et leurs amis. Il verrait alors ce que l'état des choses et la situation de l'opinion lui permettraient de faire; mais il ne voulait s'engager à rien par écrit. Pichegru, mécontent, dit en sortant de cette conférence : « Je crois que ce « drôle-là a aussi de l'ambition et qu'il vou- « drait régner. Je lui souhaite bien du succès : « il n'est pas en état de gouverner la France « pendant deux mois ! »

Le véritable but de la mission des comtes de Polignac avait été de vérifier l'exactitude des rapports favorables aux Princes, que leur

adressaient sans cesse les partisans du trône
des Bourbons, et le leur devait les décider à
rester en Angleterre ou à se présenter aux
Français. On avait tant assuré que le général
Moreau était gagné, qu'il disposait d'une
force imposante, qu'il avait un ascendant immense sur les principales autorités, que l'erreur des Princes était assez naturelle. Mais les
comtes de Polignac, dans leurs relations avec
Georges, ne tardèrent pas à se convaincre que,
bien que le désir du gouvernement d'un seul
fût devenu dominant en France, les vœux et les
espérances se portaient alors en masse sur
l'homme extraordinaire qui, du rang de simple
citoyen, s'était élevé au faîte de la puissance.
Leurs yeux se dessillèrent, leurs illusions s'é-
vanouirent et leurs pensées se reportèrent vers
la Russie, où les attendait un père inconso-
lable. Georges ne songeait plus qu'à exécuter
par lui-même les desseins qu'il avait conçus,
et à se défaire de Bonaparte et de tous les
gens qui lui auraient montré de l'opposition,
il était armé ainsi que ses partisans; il avait
de l'or.... Les comtes de Polignac entendirent
parler de projet d'assassinat; ils redoutèrent

l'idée de complicité ; ils s'effrayèrent, et quoiqu'ils ne logeassent pas chez leurs parens,
dans la crainte de les compromettre, ils allèrent chercher de plus humbles asiles dans
des maisons où ils espéraient cacher leur nom
comme leur existence.

La police de Bonaparte, par suite de révé-
lations, d'imprudences et de démarches indiscrètes qui lui avait donné l'éveil, parvint à
savoir une partie de ce qui s'était passé. Elle
fut bientôt sur les traces de tous les conjurés.
Georges et une foule d'autres tombèrent entre
les mains de ses agens, qui se mirent à la recherche des comtes de Polignac. Avertis par quelques indices, ces agens se présentèrent, le 27
février 1804, chez la dame Dumesnil, rue St.-
Denis, n° 29 ; ils frappèrent, et quoiqu'ils en-
tendissent un assez grand bruit dans l'appartement, ils remarquèrent qu'on ne se pressait
pas de leur ouvrir. La dame Dumesnil vint
cependant répondre à leur sommation réité-
rée : ils la trouvèrent seule ; mais pendant
qu'ils l'interrogeaient, les gendarmes, placés
dans la cour, arrêtèrent une personne sortie
de l'appartement par une porte de derrière.

C'était le comte Armand de Polignac. Le comte Jules fut également découvert, à sept heures du matin, le 3 mars, rue des Quatre-Fils, n° 8, dans une chambre dépendant de l'appartement de la dame La Bruyère. Il occupait un seul lit avec le marquis, depuis duc de Rivière, que l'on arrêta en même temps que lui.

L'instruction de cette affaire ne dura pas plus de trois mois. La cour de justice criminelle et spéciale s'assembla pour la juger, le 27 mai 1804 (1). La lecture de l'acte d'accusation employa toute une séance, et le lendemain 28, commencèrent les plaidoiries.

La conspiration était réelle ; il serait oiseux aujourd'hui de discuter des faits niés alors par les accusés qui cherchaient à sauver leur tête, avoués depuis, avec orgueil, par quelques-unes des personnes qui échappèrent à la mort, et qui ont trouvé dans la récompense des dévouemens de cette époque une source d'honneurs et de richesses. Les faits qui touchèrent particulièrement au sort des comtes

____

(1) 8 prairial an 12.

de Polignac sont les seuls qui puissent entrer
dans ce récit.

Le comte Armand mit une honorable franchise dans ses aveux. Il raconta qu'il avait,
pendant quelques jours, partagé le logement
de Georges (1); qu'il avait fait, une année auparavant, un premier voyage à Paris; qu'il
avait vu plusieurs fois Pichegru à Londres, et
l'avait revu en France; il reconnut le poi-
gnard qu'on avait saisi dans ses mains, mais
il déclara que cette arme ne lui appartenait
pas; il parla enfin de son attachement aux
Princes, et surtout au comte d'Artois, et il
en parla noblement. Il était vrai qu'on avait
conçu le projet de ramener les Bourbons sur
le trône qui leur appartenait par le droit de
leur naissance; mais ils ne consentaient pas à
ce qu'un assassinat le leur rendît. Rien n'eût
été entrepris avant l'arrivée du Prince qui
devait ordonner de tout. Un engagement personnel et loyal eût décidé entre le Prince,

---

(1) Quai de Chaillot, n° 6; il logea ensuite rue du Puits-de-
l'Ermite; puis, avec son frère et le marquis de Rivière, chez
Dubuisson, rue Jean-Robert; et enfin chez la dame Lebault
Dumesnil.

soutenu de ses partisans, et le premier consul.
Il était probable que l'on eût désigné Pichegru
pour le guider et l'aider de ses conseils. L'attachement du comte Armand à l'auguste frère
de Louis XVIII était trop profond pour qu'il
eût hésité un moment à suivre le Prince, dont
l'intention chevaleresque était, à son entrée
en France, de faire proposer au premier consul d'abandonner au Roi les rênes de l'Etat,
sous les conditions les plus honorables; et si
cette proposition eût été rejetée, de tenter
une attaque de vive force pour reconquérir
les droits de sa famille. Le comte Armand
était venu d'avance, afin d'éclairer le Prince
sur le véritable état des choses; mais il avait
déclaré hautement que, si, par malheur, il se
fût aperçu que les moyens d'exécution ne
portaient pas le cachet de la loyauté, il se re-
tirerait à l'instant et repasserait en Russie. Il
parla aussi des conférences de Georges et du
général Moreau, des indécisions du dernier
et des intentions personnelles qu'il avait laissé
percer.

Le comte Jules ne comptait guère que
vingt-trois ans et demi à cette fatale époque.

Honoré des bontés du comte d'Artois, il en
avait reçu des confidences à peu près semblables à celles dont son frère rendait compte ;
cependant il était peu instruit de la forme des
changemens que l'on se proposait d'opérer.
Georges, avec lequel il s'entretenait quelquefois des moyens de rappeler les Bourbons au
trône, lui répétait constamment que le moment était opportun et la situation toujours
bonne. Mais il s'aperçut bientôt que ce que
l'on se proposait de faire n'était pas aussi loyal
qu'il l'eût désiré, et, de ce moment, il prit la
détermination de partir pour la Hollande.

Telle était la position des deux uniques re-
jetons d'une famille long-temps puissante ,
long-temps célèbre par ses prospérités, par
les dignités éclatantes dont leurs ancêtres
avaient été revêtus , par l'immense faveur
dont la duchesse, leur mère, avait joui à la
cour la plus brillante du monde. La mort,
une mort ignomineuse planait sur leurs têtes !

Ils avaient choisi pour défenseur M. Guichard, l'un des hommes les plus recomman-
dables du barreau français. Sa tâche était
difficile. Les deux nobles frères avaient avoué

les principaux faits de l'accusation et confir-
mé, sans déguisement, la plupart des charges
sur eux accumulées. Leur émigration était
un fait constant; ils se faisaient gloire d'être
attachés aux Princes, ils avaient conçu l'espoir de les rétablir sur le trône de leurs ancêtres; mais ils niaient d'avoir voulu attenter
personnellement aux jours du premier magistrat de la France. Ils avaient enfreint leur
ban furtivement, et, sans autorisation légale,
ils avaient clandestinement séjourné à Paris;
mais ils repoussaient énergiquement toute
idée d'association avec une troupe d'assassins.

Le discours de M. Guichard, rempli de
force et de sentiment, fit adroitement remarquer que les opinions des deux comtes étaient le
résultat inévitable des conditions de leur naissance, de leur éducation, de leur position so-
ciale. Ils avaient voulu, ils avaient désiré, ils
avaient espéré; mais des vœux, des désirs, des
espérances sont des mouvemens inoffensifs; ce
sont les dernières affections qui s'éteignent dans
le cœur de l'homme. On ne saurait être complice d'un crime éventuel, futur ou condition-
nel. Lorsque les tables de la loi avaient été

14

brisées pour eux, ils n'avaient pu chercher la patrie que dans le sein de leur famille, écouter d'autre voix que celle de leur père. Ensevelis sous les débris du trône, devait-on leur faire un crime de n'avoir pas oublié les bienfaits, d'avoir pensé que la reconnaissance était toujours de l'honneur ?

« Une dynastie puissante, ajouta l'orateur, « a été renversée. Une autre s'élève. Qui sait « si, à quelque époque différente, le sort, la « fortune qui se joue de la félicité des peu- « ples, ne fera pas sortir encore un nom de « son urne fatale. Puissent, alors, les héritiers « de tant de gloire ne pas trouver, dans leur « infortune, des ingrats parmi ceux qu'ils « auront comblés de bienfaits ! »

Ces paroles, audacieuses en cette circonstance, n'étaient-elles pas prophétiques ? Bonaparte venait de se déclarer empereur, et l'on annonçait déjà les fêtes qui devaient illustrer la cérémonie de son couronnement !

Lorsque les défenseurs eurent prononcé leurs plaidoyers, le président, suivant l'usage, demanda, successivement, à chacun des accusés, s'il avait des observations à présenter. Le

comte Armand pria les juges de remarquer
qu'un homme qui sortait souvent de jour, et
seul, n'avait sûrement pas un grand intérêt à
se cacher, et ne pouvait être un conspirateur;
puis, d'une voix émue, il dit :

« Les principes de loyauté qui seront tou-
« jours la base de ma vie, doivent vous faire
« sentir ce que je viens d'avoir l'honneur de
« vous dire. Je n'ai plus qu'un seul vœu à
« faire, c'est que si le glaive, que vous tenez
« supendu sur nos têtes, doit menacer l'exis-
« tence de plusieurs des accusés, en faveur
« au moins de sa jeunesse, si ce n'est en fa-
« veur de son innocence, sauvez mon frère
« et faites retomber sur moi tout le poids de
« votre courroux. »

Le comte Jules prit la parole et discuta de
nouveau sa cause. Son innocence n'était pas
intimidée par la crainte d'une condamnation
qui pouvait faire trembler les criminels. Ses
interrogatoires avaient fourni la preuve qu'il
n'était pas coupable. Il avait dit toute la vérité. Son seul désir avait été de respirer un
moment son air natal, l'air de cette patrie qui
causait tous ses malheurs, et à laquelle ce-

pendant il se faisait gloire d'appartenir. « Cette
« patrie, je l'ai toujours aimée, disait-il; tout
« Français, même celui qui, dans la pros-
« cription, vit sous un ciel étranger, aime
« constamment sa patrie et chérit ses conci-
« toyens. »

Le lendemain, avant la fermeture des dé-
bats, la plus touchante discussion s'engagea
entre les deux frères. « Trop ému hier, dit le
« comte Jules, et forcé de porter attention à
« ma propre défense, je n'entendis que légè-
« rement les paroles de mon frère. Plus tran-
« quille aujourd'hui, je vous prie, messieurs,
« que ce que vous a dit mon généreux frère
« ne vous engage point à avoir égard aux
« vœux qu'il vous a adressés en ma faveur.

« Je le répète, au contraire, et avec plus
« de justice, si l'un de nous doit succomber,
« s'il en est temps encore, sauvez-le; rendez-
« le aux larmes de son épouse. Je n'en ai
« point. Comme lui, je sais braver la mort.
« Trop jeune encore pour avoir goûté la vie,
« puis-je la regretter? — Non, non, s'écria
« le comte Armand; tu as une carrière à par-
« courir. C'est moi qui dois périr ! » Et tous

les assistans mêlèrent leurs larmes à celles que répandaient les deux frères.

L'arrêt fut prononcé, le 9 juin, à quatre heures du matin (1). Armand-François-Héraclius de Polignac (2) fut condamné à la peine de mort ; Jules-Armand-Auguste de Polignac, à deux années d'emprisonnement.

Mais l'amitié, mais la tendresse, mais le dévouement, veillaient sur les jours du comte Armand et ne pouvaient se résoudre à les abandonner à la hache du bourreau. La comtesse de Polignac, presque mourante, alla se jeter aux pieds de Bonaparte, qui, touché de ses douleurs et des prières de Joséphine en pleurs, commua la peine de mort en une détention jusqu'à la paix, suivie de la déportation. La lettre de grace fut entérinée, le 24 juin suivant, en présence du comte, à l'heure même où Georges Cadoudal, un de ses parens et dix autres condamnés, payaient de leur sang, en place de Grève, une révolution avortée, et

----

(1) 21 prairial an 12.

(2) Les interrogatoires et les jugemens portent ces noms. Les biographes le nomment Armand-Jules-Marie-Héraclius, et son frère Jules-Auguste-Armand-Marie.

témoignaient ainsi de leur fidélité aux Bourbons.

Nous ne dirons pas les douleurs qui se
pressèrent dans le cœur du duc de Polignac
lorsqu'il fallut lui donner connaissance de
l'arrestation de ses fils, et qu'il entrevit toute
l'horreur du sort qui les menaçait. Qui pourrait exprimer le désespoir d'un père et ses
épouvantables angoisses? Et comment résiste-
t-on à de telles souffrances? C'est le secret des
forces de la nature, que l'on ne saurait pénétrer. Le duc de Polignac n'eut pas, au moins,
à résister au dernier coup qui devait le frapper; il n'apprit l'arrêt de mort que par l'arrêt
de grace, et il put nourrir encore l'espoir
d'embrasser un jour ses deux fils.

La tâche de l'historien devient épineuse
lorsqu'il est question de raconter les évènemens qui composent la vie des hommes qui
n'ont pas terminé leur carrière. Le droit de
juger les motifs de leurs actions ne lui est pas
encore acquis; il ne saurait, sans inconve-
nance, pénétrer dans les secrets de leur existence privée; ses éloges passeraient pour une
basse flatterie, ses critiques pour une injure

calculée. La nécessité même d'une sage et juste circonspection, la crainte de la dépasser, celle de trop dire et de ne pas dire assez, ôtent à ses récits cette aisance qui accompagne la vérité, ou qui ressort de la conviction. Combien d'actions réputées belles n'ont pas résisté à l'épreuve du temps ; combien de faits considérés comme flétrissans par les contemporains, ont pris d'autres couleurs sous les yeux rassis et clairvoyans de la postérité ? Si l'on considère encore que, quelque fastidieuse que soit une narration nue et succincte, l'adjonction ou l'oubli du plus faible incident peuvent élever de noirs orages, on ne sera pas surpris qu'une froide et constante réserve soit le guide fidèle de la plume qui retrace des évènemens et des caractères qu'un peuple tout entier a été appelé à voir et à juger.

Enfermés d'abord au château de Ham, les deux comtes de Polignac y supportèrent avec courage tous les désagrémens d'une détention pour crime d'Etat, soutenus dans leurs peines par les consolantes douceurs de leur généreuse amitié. Après une captivité de plus de trois années dans cette triste demeure, ils furent transférés à la prison du Temple, séjour sacré, mais douloureux par les cruels souvenirs que fit renaître en eux l'aspect de ces murs, témoins de bien plus hautes infortunes. Leurs amis unirent leurs efforts pour les entourer de toutes ces douceurs, de toutes ces commodités qui rendent la vie moins difficile à porter, mais qui ne valent pas la liberté. La comtesse Armand, dont l'active sollicitude ne se ralentit jamais, n'obtint pas immédiatement la permission de les visiter, car on usa encore envers eux, durant quelque temps, d'une assez grande rigueur; mais son ingénieuse tendresse trouva les moyens d'éluder la surveillance à laquelle elle était astreinte. Elle parvint à s'introduire, sous un prétexte innocent, sur le carré de l'appartement d'une dame (1), au troisième étage de la maison qui forme l'encoignure de la rue et de la place du Temple (2), et, de là, elle vit ses prisonniers bien-aimés. La simplicité des vêtemens qu'elle portait ne laissa pas soupçonner son rang à sa complaisante hôtesse, qui lui permit

______

(1) Madame Vincent Lefcbure.

(2) Actuellement rue du Temple, nº 80.

de revenir, et qui même eut souvent la déli-
catesse de la laisser seule quand elle s'aperçut
que la comtesse communiquait, par signes,
avec des détenus du Temple. Lorsque les
portes de ce Tartare se furent enfin ouvertes
pour elle, le comte Armand continua sa
muette correspondance avec l'obligeante voisine, lui peignant par ses gestes l'ennui qu'il
éprouvait, l'interrogeant sur le nombre de
ses enfans, lui faisant comprendre combien
il serait heureux s'il pouvait jouir de la présence des siens. Madame V.... Lef..... ne
tarda pas à exciter les soupçons de la police ;
mais l'époque des grandes sévérités était pas-
sée, et il ne fut donné aucune suite aux projets d'arrestation qui la menacèrent.

Près du Temple, rue de la Corderie, n° 13,
demeurait une autre personne (1) qui, dans
sa bonté compatissante, ne perdit pas un
moment pour adoucir le sort des prisonniers
et leur chercher des protecteurs. Elle parvint
à intéresser secrètement en leur faveur la
sœur d'un homme puissant à cette époque,

____

(1) Madame Savoie.

chargé d'une des directions de la police générale (1). La comtesse Armand ne tarda pas à
recevoir l'autorisation de pénétrer sous les
verroux du Temple, et sa présence apporta
des consolations inattendues dans le cœur de
son époux et de son frère. Madame G... envoya souvent son jeune fils à la Tour, avec
la mission de faire agréer aux détenus des objets d'agrément ou de nécessité. Le comte
Jules parut s'attacher à cet enfant qui le visi-
tait en petit habit de hussard, et qui, dans
toute la naïveté de son âge, lui criait, posté
aux fenêtres de la maison voisine : « Jules !
« veux-tu déjeûner? je t'apporte de bonnes
« choses! » Mais, bientôt après, le gouvernement destina le Temple à l'établissement d'un
ministère, et les comtes de Polignac furent
transférés au donjon de Vincennes. Avant de
quitter cette prison qu'ils avaient occupée
près d'un an, ils composèrent ensemble une
romance intitulée *les Adieux au Temple* (2).

Le séjour de Vincennes renouvela une partie des désagrémens qu'ils avaient éprouvés

____

(1) Madame Giehl, sœur du comte Réal.

(2) Nous insérons ici cette romance que l'éditeur doit à l'obli-

au château de Ham. Tout leur manquait dans
ces tours humides, malsaines, depuis long-

---

geance de M. Alphonse Giehl, à qui elle fut remise, à cette
époque, par MM. de Polignac eux-mêmes.

> Adieu prison, adieu fatal abîme,
> Goufre d'enfer, véritable tombeau,
> Hideux séjour d'innocence et de crime,
> Où l'espoir même a perdu son flambeau!
>
> C'est dans vos murs que mes jeunes années,
> Sous les combats du malheur et du temps,
> De songes vains constamment dominées,
> Livraient mon front aux ravages des ans.
>
> Ah! Polignac! si la fortune amie
> Sur ton chemin répand un jour des fleurs,
> Sans oublier sa poursuite ennemie,
> Suis les leçons que dictent tes malheurs!
>
> De l'infortune écarte les alarmes,
> Défends les cœurs qu'elle cherche à blesser;
> Il est bien doux d'essuyer quelques larmes,
> Il est affreux de les faire couler.
>
> Repousse au loin les funestes pensées
> De la vengeance au regard soupçonneux;
> Ne te souviens de tes peines passées
> Que pour apprendre à faire des heureux.
>
> De tes douleurs retraçant la mémoire,
> Si l'amitié voulait la buriner,
> Que ces mots seuls composent ton histoire:
> « Il sut souffrir et sut tout pardonner. »

On nous assure que ces paroles furent composées par le comte
Jules, et que le comte Armand en fit la musique.

temps inhabitées. Ils confièrent à madame
G.... les inconvéniens de leur nouvelle situation, et la lettre qu'ils lui écrivirent commençait à peu près par ces mots : « *Ma mère*,
« nous sommes horriblement mal dans ce
« donjon, et au milieu de la fange. Vos bon-
« tés nous auraient-elles abandonnés?..» Mais
cette lettre n'était pas parvenue à son adresse,
sans avoir passé par des mains indiscrètes. Le
conseiller d'Etat, chargé du premier arrondissement de la police générale, lui fit faire
des reproches indirects sur l'imprudence de
la correspondance qu'elle entretenait avec des
détenus. Elle crut devoir répondre par des
négations aux observations secrètes et bien-
veillantes qui lui étaient transmises ; mais, dès
qu'elle s'aperçut que l'on connaissait jusqu'aux
expressions dont s'étaient servis les prisonniers, elle jugea convenable à leur intérêt de
tout avouer confidentiellement et de déclarer
que, touchée des malheurs et de la position
de *ses intéressans enfans*, elle n'avait pu résister au désir de les servir de tout son pouvoir. Elle remit ensuite la lettre qu'elle avait
reçue à madame la duchesse de Brancas, dont

l'inépuisable obligeance prenait toutes les formes et saisissait toutes les occasions de leur
rendre leur infortune moins amère.

Les besoins de l'existence ne sont pas toujours les plus pressans, et les ames élevées
ressentent des privations qui leur sont bien
autrement pénibles. Des hommes attachés
comme l'étaient les comtes de Polignac, aux
membres de la famille royale, à laquelle ils
n'avaient cessé de consacrer leurs pensées,
ne pouvaient vivre dans l'ignorance des destinées de ces augustes amis, et tous les ressorts
de leur imagination étaient tendus vers les
moyens de nouer avec eux une correspondance suivie. Ils parvinrent, malgré la surveillance active dont ils étaient entourés, à en
obtenir des nouvelles et à donner des leurs.
M. de Sambucy, M. de Boulogne, évêque de
Troyes, M. Mayaud de Lepan, négociant de
Tours, MM. Girard, Saint-Michel, Marié
de Lisle, libraires, employèrent une foule de
subterfuges pour satisfaire leur désir, et ils y
réussirent. Un des moyens qui leur fut le
plus favorable devait être connu de tous les
agens de la police, et il échappa cependant à

leur investigation, peut-être à cause de sa simplicité. On écrivait, à l'encre ordinaire, sur un carré de papier en forme de chiffon, quelques phrases sans importance, des questions relatives à leur santé, à leurs besoins journaliers, à leurs vêtemens; mais dans l'intervalle des lignes, on traçait, en peu de mots, avec du lait, toutes les nouvelles dont on voulait instruire les détenus. Le papier, sans cachet et simplement plié, paraissait déposé, sans précaution, chez le concierge de la prison, qui, ne pouvant soupçonner qu'on y attachât quelque intérêt, le remettait à son adresse, après avoir pris lecture de ce qu'il y voyait. Il suffisait alors aux comtes de Polignac d'y répandre une poussière fine et colorée pour faire apparaître les mots secrets qui les remplissaient de joie ou renouvelaient leurs douleurs.

Ce triste et méphytique séjour ne tarda pas à influer malignement sur leur constitution. On sollicita leur translation dans une maison de santé, et l'on profita, pour renouveler les instances, des fêtes du mariage de l'archi-duchesse Marie-Louise. Le 23 juin 1810, ils ob-

tinrent d'être transférés dans l'établissement
de MM. Dubuisson et Pressat (1). A la liberté
près et à la surveillance continuelle dont ils
étaient l'objet, ils y jouissaient des agrémens
de la vie, de la société de quelques amis et de
la promenade dans les jardins. Ils restèrent
dans cette demeure jusqu'au 12 juillet 1812,
où un ordre du ministre de la police vint les
en extraire et les transporter au faubourg
Saint-Jacques, dans la maison de santé de
M. Théodore de Pyrou (2). Ce fut dans cet
établissement qu'ils virent le général Malet;
et s'ils eurent connaissance du complot audacieux qu'il avait formé, ils furent du moins
assez heureux pour éviter tout soupçon de
complicité; car le plus faible indice les eût
conduits à une mort inévitable. La maison de
M. de Pyrou renfermait alors plusieurs personnes remarquables, telles que le baron de
Geramb, chambellan de l'empereur d'Autriche, et depuis religieux trappiste; le baron
Heerd d'Evers, grand écuyer du prince d'O-

---

(1) Rue du Faubourg-Saint-Antoine, n° 333.
(2) Cul-de-sac Longue-Avoine, n° 1.

range ; MM . d'Eaydère, profès de l'ordre de
Malte ; Le Gallois, chanoine ; Royer, ex di-
recteur du service général des lits militaires,
et plusieurs autres.

Quelque danger que courussent les comtes
de Polignac à entretenir une correspondance
avec les augustes habitans de Hartwell, ils
étaient loin de renoncer à cette occupation
qui était encore pour eux du dévouement, et
ils l'avaient étendue à divers chefs du parti
royaliste, qu'ils maintenaient dans leurs anciens projets, ou qu'ils excitaient à en com-
biner de nouveaux. Les diverses dépêches
qu'ils recevaient leur étaient transmises dans
la reliure même des livres qu'on leur faisait
passer, soit de Paris, soit de Bruxelles. On
évidait adroitement le carton, on y insérait
une lettre, et l'on replaçait la peau de la
tranche, proprement recouverte d'un filet
doré. On se servait d'in-douze, d'in-octavo,
d'in-quarto même, selon le plus ou le moins
d'étendue de la missive (1).

____

(1) Les personnes chargées de ce travail étaient, à Paris,
M. Girard, libraire ; Madame veuve Duplanil, relieuse, rue des
Sept-Voies, n° 11 ; et à Bruxelles, M. Le Charlier.

Les commis des libraires chargés de ces volumes plus précieux pour la forme que pour le fond, avaient ordre d'éviter, en les apportant, les rues populeuses; mais le jardin de M. de Pyrou était presque entouré de passages sans habitations, et une porte de derrière s'ouvrait sur un lieu désert. C'est par là qu'ils s'introduisaient habituellement, suivis et menacés par des agens de police. Ces jeunes gens dévoués et qui ne marchaient qu'armés (1) s'en défirent, plusieurs fois, en se mesurant avec eux.

Cependant les jours de la restauration approchaient. Si le nom de Louis XVIII n'était pas encore hautement prononcé, du moins l'espoir était-il rentré dans les cœurs royalistes. Les armées alliées pénétraient en France, et une catastrophe inévitable semblait prête à décider de la destinée du trône. Les bruits qui circulaient ne pouvaient manquer de parvenir aux comtes de Polignac, et ils gémissaient de se trouver dans l'impuissance d'aller offrir le secours de leurs bras aux Princes pour lesquels ils souffraient depuis si long-temps. Le comte Jules avait déja mesuré la

______

(1) Particulièrement M. Le R...   15

hauteur des murs qui le retenaient captif, et toutes ses facultés se concentraient sur la recherche des moyens de s'échapper. Le seul lien qui retint encore les deux frères, était la parole d'honneur qu'ils avaient donnée de ne pas tenter d'évasion, et d'après laquelle on les laissait, sans autre garde, dans une maison de santé. Mais les armées s'avançaient avec rapidité, et la police jugea convenable d'éloigner ses prisonniers du théâtre des évènemens. Un commissaire se transporta, suivi d'un seul homme, à l'établissement de M. de Pyrou, et signifia aux comtes de Polignac, qu'il était chargé de les conduire hors Paris. De ce moment, et à la vue de cet ordre qui leur parut arbitraire, ils se crurent dégagés de leur parole. Ils demandèrent et obtinrent la permission d'aller changer de vêtemens. On invita le commissaire à déjeûner. Il accepta ce repas qui se trouvait préparé, et qui fut promptement servi; mais tandis qu'il satisfaisait un appétit si déplacé pour un commissaire, madame de la Ribardière, sœur de M. de Pyrou, donnait au comte Jules une clef qui ouvrait la porte du jardin, et les détenus s'échappaient par la petite rue Leclerc.

La comtesse Armand de Polignac sollicitait en ce moment, chez le conseiller d'Etat,
chargé du Ier arrondissement de la police générale, des ordres favorables à son mari. Elle
était présente lorsqu'on vint annoncer à ce
haut fonctionnaire l'évasion des prisonniers.
La surprise, la crainte, l'espoir, opérèrent sur
ses esprits une révolution qu'elle fut incapable
de supporter; elle perdit connaissance, et un
long évanouissement suivit de violentes convulsions nerveuses.

M. et Mme de Pyrou furent arrêtés ; mais,
après une détention de sept jours (1), on leur
rendit la liberté, parce qu'ils prouvèrent que
le commissaire, en arrivant chez eux, leur
avait donné décharge de la personne des prisonniers; et que, de ce moment, ils avaient
cessé d'en être responsables.

Les comtes de Polignac traversèrent, avec
autant d'adresse que de bonheur, les avant-
postes des armées belligérantes, et ils arri-
vèrent à Vesoul, où ils se jetèrent aux pieds
de Monsieur, lieutenant-général du royaume
de France. Ce prince les accueillit avec sa

____

(1) M. de Pyrou fut mis à la Force, et madame de Pyrou aux
Madelonnettes.

grace accoutumée et leur donna les plus tou-
chans témoignages d'intérêt et d'amitié. Ils
recommencèrent à servir la cause à laquelle
ils étaient dévoués, et reçurent de Son Altesse
Royale des instructions et des pouvoirs, afin
de retourner dans la capitale et d'y déterminer le mouvement royaliste qui se préparait.
Il fallait braver de nouveaux dangers. Ils les
affrontèrent avec joie, et passèrent une seconde fois à travers les bataillons cosaques
et les débris, terribles encore, des vieilles
bandes qui avaient vaincu l'Europe, et que
l'Europe écrasait à son tour. Ils entrèrent à
Paris quelques jours avant la capitulation, et,
s'étant réunis à M. de Sémallé, investi,
comme eux, des pleins pouvoirs de Monsieur,
et à plusieurs autres personnes invariablement
attachées à la famille royale, ils arborèrent le
drapeau blanc dans la matinée du 31 mars
1814. Leur exemple fût suivi du mouvement
de la population entière.

Assis enfin, après un long exil, sur le trône
de ses ancêtres, Louis XVIII nomma le
duc Jules de Polignac membre de la Chambre des Pairs; mais le duc retourna, peu de
temps après, en Russie, et il y mourut en 1817.

Le comte Armand de Polignac fut élu, en 1815, membre de la Chambre des Députés par le département de la Haute-Loire. Le Roi le nomma maréchal-de-camp, chevalier de Saint-Louis et de la Légion-d'Honneur, et grand-officier commandeur de l'ordre du Saint-Esprit. Choisi par S. A. R. MONSIEUR pour son aide-de-camp et son premier écuyer, il remplit encore aujourd'hui les mêmes fonctions auprès de S. M. Charles X. Il a pris le titre de duc de Polignac à la mort de son père, et il s'est assis sur son banc héréditaire à la Chambre des Pairs. Il a eu la douleur de perdre les enfans que lui avait donnés la duchesse sa femme.

Le comte Jules de Polignac reçut, comme son frère, le grade de maréchal-de-camp, la grande croix de l'ordre royal et militaire de Saint-Louis, celle d'officier de la Légion-d'Honneur, et le cordon de l'ordre du Saint-Esprit. Les pouvoirs qu'il tenait de MONSIEUR ayant perdu leur convenance lorsque ce prince eût fait son entrée dans Paris, il les remit aux mains de Son Altesse Royale, et le Roi l'envoya, comme son commissaire extraordinaire, dans la dixième division militaire, à Toulouse. Il y remplit sa mission avec autant d'intelligence que de zèle, et fut nommé par Sa Majesté ministre plénipotentiaire à la cour de Bavière; mais le voyage qu'il se disposait à faire en cette qualité n'eut pas lieu, et les ordres du Roi le conduisirent à Rome, chargé de soumettre au Saint-Père des questions d'une haute importance. Les terribles évènemens du mois de mars 1815 le trouvèrent auprès de la famille royale, qu'il suivit dans sa retraite à Gand, toujours dévoué, toujours prêt aux plus grands sacrifices. Instruit qu'une foule de royalistes, sans chefs et sans direction, errait sur les frontières de la Savoie, il s'empressa de s'y rendre, dans l'intention de les rallier et d'en former des corps offensifs. En s'occupant avec une extrême activité de cette opération, il se ménageait si peu, que s'étant avancé, par un excès d'ardeur, jusque dans les lignes de l'armée des Alpes, avec le comte Robert de Maccarty qui partageait ses travaux et ses dangers, ils furent enveloppés et faits prisonniers. Il est probable cependant que le comte Jules ne fut pas reconnu; circonstance heureuse qui lui donna la facilité de s'échapper à travers les avant-postes, en bravant les plus grands périls. Il parvint alors, par sa proximité de Grenoble, à se ménager des intelligences dans cette place, et à déterminer ainsi sa prompte reddition ; et, dès que la révolution des cent jours eût subi ses funestes conséquences, il reçut du Roi, rétabli sur son trône, des pouvoirs extraordinaires pour rappeler l'ordre et la paix dans les départemens méridionaux, et spécialement dans les anciennes provinces du Dauphiné et de la Provence. Il y acquit une grande influence, et le Roi le nomma pair de France le 17 août 1815.

En 1816, il épousa miss Campbell, riche héritière d'une famille distinguée de l'Ecosse qui professe la religion catholique. Deux enfans, un fils et une fille sont issus de ce premier mariage.

Le comte Jules ne siégeait cependant pas à la Chambre des Pairs. Il avait refusé de prêter le serment exigé des membres de cette Chambre, sous différens motifs : le premier, parce que, selon sa conscience, ce serment paraissait blesser les intérêts de la religion ; le second, parce qu'aucune connaissance de la teneur de ce serment n'avait été donnée aux Pairs, avant qu'on leur eût fait une obligation de le prêter ; le troisième enfin, parce qu'il différait, en diverses expressions, du serment que les premiers règlemens de la Chambre avaient astreint ses membres à prononcer. Le cardinal de Périgord, le comte de la Bour-donnaie, le maréchal de Viomesnil, plusieurs autres Pairs exprimèrent une opinion pareille et se firent remarquer par un même refus. S. M. Louis XVIII essaya de les ramener à d'autres sentimens par des paroles bien faites pour dissiper tous les doutes, dans le discours qu'il prononça pour l'ouverture de la session de 1816 : « Attachés par notre conduite comme « nous le sommes de cœur, dit Sa Majesté, « aux divins préceptes de la religion, soyons- « le aussi à cette Charte, qui, sans toucher « au dogme, assure à la foi de nos pères la « prééminence qui lui est due, et qui, dans « l'ordre civil, garantit à tous une sage li- « berté. » Il paraît que dans la question grave qui s'élevait, on jugea convenable de consulter le Saint-Siège; car l'ambassadeur de Sa Majesté près la cour de Rome, écrivit, au nom de Louis XVIII, aux Pairs dissidens; et sa lettre, sous la date du 15 juillet 1817, développait, de la manière la plus positive, les sentimens que le Roi avait exprimés dans son discours, en comparant le serment prêté par le monarque lui-même à celui qu'il exigeait des pairs de France. On y remarquait le passage suivant : « Le serment prêté par « S. M. T. C. ne saurait porter aucune at- « teinte ni aux dogmes, ni aux lois de l'Eglise; « il n'est relatif qu'à ce qui concerne l'ordre « civil. Tel est l'engagement que le Roi a pris « et qu'il doit maintenir; tel est celui que « contractent ses sujets en prêtant serment « d'obéissance à la Charte et aux lois du « royaume, sans que jamais ils puissent être « obligés, par cet acte, à rien qui soit con- « traire aux lois de Dieu et de l'Eglise. » Cette lettre et les paroles du Roi dissipèrent les doutes émis par le comte Jules et les Pairs dont il partageait l'opinion. Le plus puissant des motifs dont ils s'étaient étayés se trouvant ainsi suffisamment combattu, ils abandonnèrent les deux autres, prêtèrent le serment exigé, et prirent leur rang à la chambre héréditaire.

Ce fut dans la même année que le Roi fit proposer à la Chambre des Députés un projet de loi qui remettait la famille des ducs de Polignac en possession de la baronie de Fenestrange, concession de la couronne faite à leur bénéfice avant la révolution, et comprise dans les transactions convenues entre la France et la maison de Savoie.

En 1823, le comte Jules de Polignac fut nommé ambassadeur de France en Angleterre. Le titre de prince du saint empire romain ne tarda pas à paraître en tête de toutes les qualités qui distinguaient son nom.

Le prince de Polignac ayant eu la douleur de perdre sa première compagne, se remaria, au commencement de 1825, à madame la marquise de Choiseul, veuve du marquis de Choiseul, aide-de-camp de S. A. R. le duc de Berry (1). La princesse de Polignac est an-

____

(1) M. le marquis de Choiseul, qui fut le beau-frère de madame la princesse de Polignac, est actuellement aide-major-général de la garde royale.

glaise, de la famille Parkins; elle a donné le jour à deux fils.

Le prince Jules de Polignac a été nommé, par S. M. Charles X, ministre des affaires étrangères et président du conseil des ministres, le 8 août 1829.

Le comte Melchior de Polignac est un troisième frère du duc Armand et du prince Jules. Il quitta la France au commencement de la révolution, dans une extrême jeunesse, et ne put alors, comme ses aînés, donner, les armes à la main, des preuves de son dévouement à la famille royale. Il fit ses premières études en Autriche, et les continua en Russie. Sa famille l'envoya ensuite en Angleterre, où il résida jusqu'à l'époque de la première restauration. Attaché, en 1814, comme aide-de-camp et avec le grade de colonel, à la personne de Mgr le duc d'Angoulême, il suivit partout ce prince, lorsqu'en 1815 S. A. R. se rendit dans les départemens méridionaux, et fit de généreux efforts pour résister au torrent qui se répandait sur la France. Le comte Melchior partagea les revers momentanés du Prince, et s'embarqua pour l'Espagne au port de

Cette, sur le même vaisseau. Il revit la France, peu de temps après, avec le duc d'Angoulême, et ne tarda pas à être promu au grade de maréchal-de-camp. Il est aujourd'hui gentilhomme d'honneur de Mgr le Dauphin, son aide-de-camp, gouverneur de Fontainebleau, et chevalier de Saint-Louis, commandeur de la Légion-d'Honneur.

La famille de Polignac porte pour armes : fascé d'argent et de gueules de six pièces.

A. PIHAN DELAFOREST,

IMPRIMEUR DE MONSIEUR LE DAUPHIN ET DE LA COUR DE CASSATION

Rue des Noyers, n° 57.